KB150396

한국 고대 음식문화사

한국 고대 음식문화사

2020년 2월 15일 초판 1쇄 발행

글쓴이	김동실, 박유미
펴낸이	권혁재
편 집	조혜진

제 작	성광인쇄
펴낸곳	학연문화사
등 록	1988년 2월 26일 제2-501호
주 소	서울시 금천구 가산디지털1로 168 우림라이온스밸리 B동 712호

전 화	02-2026-0541
팩 스	02-2026-0547
E-mail	hak7891@chol.com

ISBN 978-89-5508-407-8 93910

한국 고대 음식문화사

김동실, 박유미 지음

학연문화사

책머리에

"음식을 들어요, 엔키두. 이것이 인간이 살아가는 방법이에요."

메소포타미아의 신화이자 세계에서 가장 오래된 바빌로니아의 서사시인 《길가메시 서사시Gilgamesh Epoth》에는 야생의 인간인 엔키두가 인간으로서 살아가는 방법을 조언받는 내용이 있다. 음식을 먹는 것이 사람으로서의 삶을 사는 것이라는 내용은 인간의 생명유지를 넘어 '인간다움Humanitas'을 표방하기 위해 사람들에게 '음식'이 무엇보다 중요하고 핵심적인 요소 중 하나라는 것을 말해준다.

사실 모든 역사가 증명하듯이 음식의 토대 위에서 생성되지 않은 문화와 문명이란 존재하지 않는다. 사람들은 먹을 것을 필요로 하고 그것을 생산하기 위해서 온갖 노력을 마다하지 않았다. 그래서 음식은 곧 부(富)의 척도이기도 했고 지위의 상징이기도 했다. 음식을 바라는 마음에서 시작된 여러 행위들은 예술로서 승화되었고 종교로 신성시되기도 했을 것이다. 그리고 이를 좀 더 많이 차지하기 위해 갖은 폭력이 동반되었으며 정교하게 분배하기 위한 여러 장치나 방법을 고안하는 과정에서 정치와 경제가 고도화되었을 것이다. 이러한 과정을 반복하고 심화하면서 사람들은 복잡한 사회를 건설하며 의례나 의식을 동반하여 사람들을 하나로 묶으며 기억을 동질화하였을 것이다.

우리 민족의 경우도 이와 마찬가지였다고 이해된다. 앞서 생각해 본 음식이 이어주는 생산과 소비의 역사는 사람의 행동을 매우 다채로운

방면에서 유의미하게 해줄 수 있다. 우리 민족의 시작부터 이어지는, 음식을 얻고 만들어 섭취하기 위해 한 일들을 통해 선조들은 혀를 만족시킬 수 있었고 정신을 길렀으며 이를 사회화하였다. 그리하여 음식생활과 민족적 고유성을 정형화하고 발달시키며 계승하여 지금까지 이어지게 할 수 있었다.

현재 우리가 즐기는 한국 음식은 이런 역사적 맥락 속에서 생겨난 것들이다. 그렇기 때문에 영양학적으로 우수하다고 평가받는 콩류 음식과 장류, 오랜 시간 동안 보관 가능하며 많은 사람들의 입맛을 돋우는 저장음식 및 여러 종류의 수조육류 음식 등은 우리 민족의 미각을 형성할 뿐만 아니라 삶의 추이까지도 추적할 수 있는 단서를 제공하고 있다. 그러므로 한국의 음식, 특히 우리 민족 음식의 시원이라고 할 수 있는 고대의 음식과 그 문화를 알아보는 일은 매우 유의미하다고 생각된다.

이러한 측면에서 엮은 이 책은 한국 고대 음식과 음식문화에 관한 내용을 역사적으로 헤아려 본 것이다. 하나의 대주제 아래에 각기 다양한 글감으로 쓴 글로 구성하였는데, 크게 통사적 측면에서 한국의 고대 음식문화를 고찰한 글과 그것에서 파생된 여러 주제를 전개한 글로 나눌 수 있다.

가장 먼저 살펴볼 수 있는 내용은 한국 고대 전통음식의 형성과 발달이다. 어떻게 우리 민족의 음식문화가 형성되어 왔으며 발전해왔는지를 선사시대부터 고조선, 여러 나라 시대까지 알아보도록 한다. 음식뿐만 아니라 시대별 그릇의 양상도 함께 살펴볼 수 있도록 하였다.

다음으로는 현재 밝혀진 고대의 음식 중 우리 민족의 연원과 매우 깊은 관련을 맺고 있는 음식인 맥적에 대해 알아보겠다. 이 글은 맥적의 연원과 그 요리법에 대한 내용을 살펴보기 위한 것이기도 하지만 우리나라 및 우리 민족과 관련이 없다고 평가한 중국학계의 맥적 관련 논문을 학술적으로 반론하기 위해 쓰여진 글이기도 하다. 맥적이 어떠한 음식이며 어떻게 만들고, 왜 우리 민족의 음식이라고 했는지를 여러 문헌 자료를 통해 논증하려는 목적을 갖고 있다.

이어서 맥적과 같은 고대 육류 음식이 무슨 재료로, 어떻게 만들어지며, 언제 주로 먹게 되었는지를 고구려의 생산 활동과 소비를 통해 알아보도록 한다. 여러 문헌 자료와 고고학 자료 및 고구려의 고분벽화를 통해 관련 내용을 이해하도록 하였다.

마지막으로 우리나라 전통 두류음식의 형성과 발달을 통해 전통 음식의 토대가 되는 두류 생산과 그 활용을 파악하고자 한다. 특히, 두류로 만든 음식은 우리 민족이 자랑하는 대표적 국민음식이자 건강을 지켜주고 어려운 시기 사람들을 구해주는 역할을 담당하였기 때문에 이와 같은 두류 음식이 어떻게 시작되었고 왜 먹게 되었는지를 근원적으로 탐구하는 것은 두류음식을 선택한 우리 민족의 삶과 생태환경을 탐구하는데 도움을 줄 수 있으리라 생각한다.

이러한 한국 고대음식문화사에 대한 책은 무사히 출판할 수 있도록 도와주신 많은 분들이 계셨기에 나올 수 있었다. 부족한 면을 채워주시고 몇몇 어려움에 봉착했을 때마다 용기를 북돋아주신 박선희 선생님을 비롯한 서영대, 심승구 선생님의 응원과 격려는 큰 도움이 되었다. 그 밖에도 도움을 주신 분들이 더 많이 계시지만 모두 밝히지 못해 송구하다는 말씀을 드리고 이렇게 지면을 빌려 감사의 인사를 올리는 것을 양해해 주시길 바란다. 또한 원고를 받아주시고 출판해 주신 학연문화사 권혁재 대표님과 좋은 책을 만들고자 여러 수고를 해 주신 편집자께도 사의를 표하고자 한다. 늘 지지해 주고 성원해 주는 필자들의 가족들에게도 진심으로 고마운 마음을 전달하고 싶다.

2019년 연구실에서

김동실, 박유미

목 차

한국 고대 전통음식의 형성과 발달

맥적貊炙에 관한 연구

고구려 육류 음식 문화의 실제와 양상

한국 고대의 두류 재배와 활용

한국 고대 전통음식의 형성과 발달

I. 여는 글

우리의 역사와 문화를 이해하는데 음식은 매우 중요한 위치를 차지한다. 음식은 사람이 살아가는데 있어서 가장 기본적이고 필수적인 요소이며, 그것이 만들어진 시대가 갖는 역사의 모든 인소들을 포함하고 있기 때문이다. 따라서 고대 우리 민족이 어떤 음식문화[1]를 이루고 생활했었는지를 고찰하는 것은 한국의 고대 사회를 구체적으로 인식하는 길이 될 것이다.

한국사는 주로 연구와 서술이 정치사 중심으로 이루어져 사회생활사에 대한 연구는 소홀히 되었다. 이는 사회생활사에서 가장 중요한 위치를 차지하는 음식문화의 경우도 마찬가지이다. 한국 고

---

[1] 우리나라에서는 음식과 관련된 문화의 용어와 개념이 제대로 확립되어 있지 않다. 유럽과 미국의 문화인류학에서는 이를 일컬을 때 'food culture'로 표현하지 않고 'food and culture'의 표현을 사용한다(마빈 해리스 지음 · 서진영 옮김, 『음식문화의 수수께끼(The Sacred Cow and the Abominable Pig:Riddles of Food and Culture)』, 한길사, 1992). 중국에서는 음식문화와 식문화의 용어를 함께 사용하고 일본에서는 주로 식문화라는 용어를 사용한다. 이 글에서 음식은 단순히 식품이나 영양의 의미 외에도 일상적이며 복합적인 문화요소를 포함하므로 '음식문화'라고 부르고자 한다.

대의 음식문화는 국가가 성립하기 이전부터 기나긴 발전 과정을 거쳐 왔음에도 불구하고 고대 음식에 관해서는 아주 적은 기록만이 남아 있다. 이 같은 상황들은 그 동안 한국 고대 음식에 관한 연구가 충분하게 이루어지지 못했던 가장 큰 요인이었다고 할 수 있겠다.

그간 한국 고대의 음식문화에 관해 고고학[2], 역사학[3], 민속학[4], 지리학[5], 식품영양학[6], 식물학[7], 생명공학[8] 등의 다양한 분야에서 연구가 진행되었다. 그러나 이러한 연구들은 관련된 연구 성과를 수용하여 부분적으로 음식의 종류와 재료만을 단편적으로 다룬 것이 대부분이었다. 가장 많은 연구를 이룬 식품영양학에서는 주로 음

---

2 이융조 · 조태섭, 「우리나라 구석기시대 옛사람들의 사냥경제활동」, 『先史와 古代』18호, 韓國古代學會, 2003, 5~24쪽 ; 허문회, 「한국에 재배되었던 벼」, 『선사와 고대』7호, 1996, 韓國古代學會, 41~60쪽.

3 조현종, 「우리나라 稻作농업의 起源과 稻作類型」, 『농업사연구』3권 2호, 한국농업사학회, 2004, 95~116쪽.

4 김민기, 「韓國動物符作과 食文化」, 『韓國食文化學會誌』1권, 韓國食文化學會, 1986, 31~42쪽 ; 金天浩, 「日本 法隆寺 聖德太子祭祀 供物을 통한 韓國古代食 推定硏究」, 『韓國食文化學會誌』6권, 韓國食文化學會, 1986, 223~228쪽.

5 이의한, 「한반도 중 · 서부지역의 신석기시대 생활상에 관한 지리학적 연구」, 『地理學硏究』38권 3호, 2004, 293~305쪽.

6 姜椿基, 「우리나라 果實類의 歷史的 考察」, 『韓國食文化學會誌』5권, 韓國食文化學會, 1990, 301~312쪽 ; 윤서석, 「한국 식생활의 통사적 고찰」, 『韓國食文化學會誌』8권, 韓國食文化學會, 1993, 201~216쪽 ; 조미숙, 「韓國의 菜蔬 飮食 文化」, 『韓國食生活文化學會誌』18권, 韓國食生活文化學會, 2003, 601~612쪽 ; 張智鉉, 『韓國傳來 油脂類史硏究』, 修學社, 1995 참조.

7 허문회, 위의 글, 41~60쪽.

8 이철호, 「동북아시아 원시토기문화시대의 특징과 식품사적 중요성」, 『민족문화연구』32호, 고려대학교 민족문화연구소, 1999, 325~357쪽.

식의 형태와 조리법 및 영양분석[9] 등을 연구하였다. 식품사의 분야에서는 선사시대부터 삼국시대까지의 식생활사를 종합적으로 간략히 정리한 연구가 제출된 바 있다.[10] 그러나 이 연구는 식품사의 관점에서 중국과 일본 학자들의 연구를 중심으로 다양한 자료를 나열했을 뿐, 고조선으로부터 이어진 우리 민족 고유의 전통음식 문화를 올바로 규명하지 못했다.[11]

삼국시대의 고구려[12]와 백제[13] 및 신라의 음식 문화[14]에 대한 연구도 우리의 전통 음식문화의 형성에 관해 매우 단편적으로 정리되거나, 일부 음식생활의 발달사를 주로 고찰한 것이었다.[15] 이상의 사실로부터 한국의 고대 음식문화는 종합적으로 고찰되거나 그 발달사가 체계적으로 정리되지 못했음을 알 수 있다.

9　金天浩, 앞의 글, 1991 참조.

10　李盛雨, 『東아시아 속의 古代 韓國食生活史 硏究』, 鄕文社, 1992 ; 이성우, 『한국 식생활의 역사』, 수학사, 2006 ; 윤서석, 『우리나라 식생활 문화의 역사』, 신광출판사, 1999 ; 유애령, 『식문화의 뿌리를 찾아서』, 교보문고, 1997.

11　위와 같음.

12　전호태, 『고구려 고분벽화의 세계』, 서울대학교 출판부, 2004 ; 장국종, 『조선농업사』, 백산자료원, 1989 참조.

13　金紀燮, 「百濟人의 식생활 시론」, 『백제연구』37집, 충남대학교 백제연구소, 1996, 1~20쪽 ; 김상보, 「백제의 식생활」, 『한성백제사 -생활과 문화』, 서울특별시사편찬위원회, 2008, 272~298쪽.

14　尹瑞石, 「新羅時代 飮食의 硏究-三國遺事를 중심으로」, 『신라문화제학술발표회논문집』, 동국대학교 신라문화연구소, 1980, 157~170쪽 ; 尹瑞石, 「新羅의 飮食」, 『신라문화제학술발표회논문집』, 신라문화선양회, 1987, 197~219쪽.

15　李盛雨, 「古代 東아시아속의 豆醬에 관한 發祥과 交流에 관한 연구」, 『韓國食文化學會志』5권, 韓國食文化學會, 1990 ; 김상보, 「'제민요술'의 菹가 백제의 김치인가에 관한 가설의 접근적 연구(Ⅰ)」, 『韓國食文化學會志』13권, 한국식문화학회, 1998, 135~158쪽 참조.

그간 한국 고대 음식문화에 관한 연구가 충분하게 이루어지지 않음으로써 고대 문화 전체를 이해하는데 있어서 많은 문제가 있었다고 생각된다. 즉, 한국사회와 문화의 특수성에 관한 인식의 문제이다. 세계 어느 지역이나 공통된 문화나 사회요소가 있고 또 각각 다른 요소노 있다. 선사는 세세사의 보편싱이며 후자는 특수성이다. 지역에 따라 사는 사람과 자연환경에는 차이가 있으므로 이질적인 특수성이 있게 마련이다. 그 결과 특정한 지역문화 혹은 민족문화라는 것이 형성되는데, 음식문화의 경우도 마찬가지이다.

각 지역의 사회가 확대되고 발전하면서 활발히 다른 지역과 접촉하고 교류를 갖게 된다. 끊임없이 서로 자극과 영향을 주고받게 되는 것이다. 이와 같은 현상은 시대가 내려오면서 더욱 확대되며 음식문화의 경우도 예외가 될 수 없다. 서로 자극과 영향을 주고받는 것은 역사발전에 필수적인 요소이다. 그러나 이러한 현상들이 축적되면서 각 지역이나 민족의 사회와 문화의 원형은 점점 변화와 변용의 과정을 겪게 된다.

어느 나라를 막론하고 자기 민족의 역사를 바르게 연구하고 또한 올바르게 인식하고자 할 때에는 그 사회와 문화의 원형에 대한 연구와 인식으로부터 출발해야 한다. 그래야만 그 사회와 문화가 어떠한 변천과정을 거쳐 왔으며 앞으로의 방향을 바르게 알 수 있기 때문이다. 그 사회와 문화의 원형을 알아야 하는 것은 미래에 대한 올바른 좌표를 설정하는데 기초를 튼튼히 하기 위한 것이다.

한국사에서 음식문화의 경우도 이점은 매우 심각한 문제로 남아 있다. 한민족 음식문화의 원형을 지니고 있는 고대에 관해서는 기록뿐만 아니라 그 연구도 매우 부족하기 때문이다.

한국의 고대 음식문화와 같이 기록이 충분하게 남아있지 않은 시대를 연구하기 위해서는 고고학 자료도 사료로서 매우 중요한 가치를 갖는다. 최근에는 고고발굴과 그에 대한 연구가 활발해졌기 때문에 고대 사람들의 음식문화 등의 생활상을 밝힐 수 있는 고고학 유물들이 크게 증가 하였다. 음식문화를 알게 해주는 곡물, 동물 뼈, 숟가락, 질그릇, 쇠그릇, 생산도구 등은 고대 사람들의 음식문화에 대한 인식을 증진시키는데 많은 도움을 주고 있다. 고고자료가 실물증거로 제시되어 문헌기록을 보완함으로써 고대 사람들의 음식문화를 확실한 근거 위에서 말할 수 있게 되었다. 따라서 문헌기록과 고고자료를 함께 채용하여 고대 사람들의 음식문화를 고찰한 이 글은 한국 고대의 사회를 한층 더 구체적으로 인식하는 데 도움이 될 것이다.

이 같은 연구의 결과로 복원된 음식문화는 고대 한민족의 생활사를 풍부하게 해줄 뿐만 아니라 한민족의 정체와 문화수준을 바르게 아는 데도 크게 기여할 것이다. 음식은 주어진 자연환경과 사회환경에 적응하면서 그 속에서 표출된 그들의 욕구와 의식 및 가치관이 반영되어 만들어진 것이기 때문이다. 또한 음식의 재료와 조리도구 및 조리방법에 대한 연구, 음식을 담아 먹었던 그릇 등을 생산하고 가공했던 도구들에 대한 연구는 당시의 경제수준과 사회수준을 구체적으로 이해하도록 해 줄 것이다. 이렇게 볼 때 한국 고대 음식문화에 관한 연구는 그 자체로서 큰 의미를 지닐 뿐만 아니라 그 시대의 정치 · 경제 · 사회 · 문화를 이해하는 데에도 크게 도움이 되리라 여겨진다.

II. 선사시대 음식의 재료와 가공법

1. 도구의 종류와 발달

근래의 고고발굴과 연구결과에 의하면, 한반도와 만주지역에는 구석기시대부터 계속해서 사람들이 살고 있었고 신석기시대나 청동기시대의 주민들이 다른 곳에서부터 이주해왔을 것이라는 견해는 성립될 수 없다는 사실이 밝혀지게 되었다.[16] 또한 한반도와 만주의 신석기시대 시작 연대가 중국의 황하유역과 비슷하거나 앞섰던 것[17]으로 밝혀졌다. 황하유역에서 발견된 신석기시대 유적 가운데 가장 연대가 올라가는 것은 하남성의 배리강(裵李崗)문화 유적[18]과 하북성과 하남성 경계지역의 자산(磁山)문화 유적[19]으로 시작 연대가 모두 서기 전 6,000년경인데, 한반도와 만주 지역에서도 강원

---

16 李鮮馥, 「신석기·청동기시대 주민교체설에 대한 비판적 검토」, 『韓國古代史論叢』1권, 駕洛國史蹟開發研究員, 1991, 41~66쪽.

17 제주도 고산리유적에서 화살촉 등과 함께 토기가 발견되었는데, 그 연대가 서기 전 8,000년경으로 추정되고 있다(임효재, 「한·일문화 교류사의 새로운 발굴자료」, 『제주 신석기문화의 원류』, 한국신석기연구회, 1995 참조).

18 開封地區文管會·新鄭縣文管會, 「河南新鄭裵李崗新石器時代遺址」, 『考古』1978年 第2期, 73~74쪽 ; 嚴文明, 「黃河流域新石器時代早期文化的新發現」, 『考古』1979年 第1期, 45쪽 ; 中國社會科學院考古研究所實驗室, 「放射性碳素測定年代報告(六)」, 『考古』1979年 第1期, 90쪽.

19 邯鄲市文物保管所·邯鄲地區磁山考古隊短訓班, 「河北磁山新石器時代遺址試掘」, 『考古』1977年 第6期, 361쪽 ; 安志敏, 「裵李崗·磁山和仰韶」, 『考古』1979年 第4期, 340쪽.

도 양양의 오산리 유적[20], 내몽고자치구 동부의 규모가 크고 오래된 신석기 집단 거주지인 홍륭와 유적[21]의 연대가 역시 서기 전 6,200년경으로 확인되었다. 따라서 종래와 같이 동아시아의 모든 문화가 황하유역으로부터 다른 지역으로 전파되었을 것으로 보는 선입관은 수정되어져야 할 것이다. 실제로 우리나라 신석기시대의 토기는 중국의 채색토기나 흑색토기 등과 그 문양이나 양식을 달리하고 빗살무늬를 주된 문양으로 하고 있다.

이동생활을 하던 구석기시대 사람은 식량의 저장과 가공이 어려웠으나, 신석기시대에 오면 정착생활과 함께 토기를 만들어 사용하면서 그 같은 어려움에서 벗어나게 되었다. 신석기시대 사람들의 토기 발명으로 자연의 재료에 열을 가하는 조리를 할 수 있고, 또한 생산물과 더불어 수분이 있는 음식도 저장할 수 있게 하였다. 물론 초기단계에 제작된 토기는 흡수율도 높고 불에 견디는 힘도 약했으므로 가열조리와 액체식품의 저장에는 한계가 있었을 것이다. 그러나 적어도 물고기나 조개를 끓인 후 말리거나 저장하게 되면 동물 육에 못지않은 저장성을 가질 수 있다는 것을 알게 되었고 이 효과를 얻기 위해 토기의 물성을 계속적으로 개선 발전시켜 나갔던 것이다.[22]

신석기시대에 만들어진 토기를 분류하여 그 쓰임새를 알아보면, 먼저 한반도 중서부의 한강 유역과 북한의 대동강 유역에서 발견되는 뾰족한 밑(尖底) V자형이나 둥근 밑 U자형 빗살무늬토기(櫛

20 任孝宰·李俊貞,『鰲山里遺蹟 Ⅲ』, 서울大學校博物館, 1988.
21 楊虎, 「內蒙古敖漢旗興隆洼遺址發掘簡報」, 『考古』1985年 第10期, 865~874쪽.
22 이철호, 앞의 글, 347쪽.

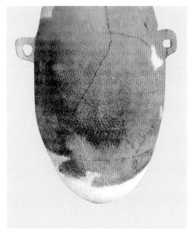

그림 1 암사동 유적 출토 빗살무늬토기   그림 2 대동강 유역 출토 빗살무늬토기

文土器)들을 살펴볼 필요가 있다. 이들 토기는 입술부위의 직경이 9cm에서 67cm까지 매우 다양한 크기로 제작되었다(그림 1, 2)[23]. 이들 토기는 크기에 따라 세 종류로 구분된다. 소형은 주로 가열 조리용으로 사용되었을 것이다. 중형은 오늘날의 김칫독과 유사한 크기로서 채소절임을 비롯한 발효용 용기로 사용되었을 것이고, 대형은 곡물 등의 저장용으로 사용되었을 것으로 생각된다.[24] 이러한 구분을 통해 이미 신석기시대에 현재 우리 민족이 향유하고 있는 주식으로서의 밥이나 죽과 함께 반찬으로 채소를 담아 쓰는 음식용기의 양식이 이미 마련되었던 것으로 이해될 수 있을 것이다.

---

23 金元龍, 『原始美術』, 同和出版社, 1973, 26쪽, 그림12 ; 조선유적유물도감편찬위원회, 『조선유적유물도감』1, 동광출판사, 115쪽, 1989, 그림 200.

24 임효재, 「토기의 시대적 변천과정」, 『한국사론』12-한국의 고고학(下), 국사편찬위원회, 1983.

한편, 이러한 용기의 종류와 크기는 신석기시대 초기에서 후기로 오면서 다음의 변화를 갖는다. 비교가 용이한 좋은 예로 상노대도에서 출토된 토기의 대부분은 직경 24㎝ 정도의 대접모양을 한 용기들로 한 가족의 한 끼 음식을 조리하는 데 적당한 크기이다. 이로부터 신석기시대 사람들은 한 가족단위로 식단이 구성되어졌을 것이라고 추측되었다. 반면에 개인용 식기는 토기보다는 나무 조각이나 나뭇잎으로 만든 용기, 조개껍질 등이 사용되었을 가능성이 있어 별로 발달하지 못하였을 것으로 보고 있다.[25] 그러나 신석기시대 후기로 오면 직경 6~12㎝ 수준의 소형 토기가 많이 출토되고 있는데 이 시대에 개인용 식기로의 토기가 별로 필요하지 않았을 것으로 보는 연구자들은 이 소형 토기가 아마도 특수한 용도로 사용되었을 것으로 보았다.[26] 그러나 필자가 분석하기에는 특수한 용도라고 보기보다는 개인용으로 음식을 담았던 토기일 가능성이 크다고 생각된다. 소형의 토기는 신석기시대 무덤들에서 다량으로 출토되고 있는데 이는 신석기시대 후기로 오면서 식품의 재료와 조리법의 발달로 반찬의 수가 증가하였기 때문일 것이다. 또한 조미료나 향신료로 소금이나 천연꿀 또는 나무열매 등이 사용되었기 때문에 이를 담았을 소형 토기의 용도는 음식문화의 발달과 밀접한 관련이 있을 것이다.

다음으로 신석기시대 사람들은 농업과 함께 목축업과 어업 및 수렵활동을 많이 하였던 것으로 나타나는데, 그 생산도구로 어떠

---

25 이철호, 앞의 글, 341쪽.
26 위의 글, 347쪽.

한 것들이 음식의 재료와 가공방법 및 조리법과 밀접한 관련이 있는지 알아보기로 한다. 신석기시대에 사냥을 할 때 간석기를 주로 사용하였다. 사냥의 도구로 주로 돌도끼, 돌창, 돌화살촉 등을 활용했다. 또한 신석기시대 뼈칼(骨刀)의 등장은 음식 원료의 채집이나 음식문화의 형성 발달에 큰 도움이 되었을 것으로 생각된다. 뼈칼은 짐승의 긴뼈(管狀骨)과 어깨뼈(肩胛骨)를 이용하여 제작되었는데 오동 유적에서는 사슴의 긴뼈로 제작된 4점이 출토되었고, 범방 조개무지(貝塚)에서는 어깨뼈로 제작된 것이 1점 출토되었다. 오동 유적의 뼈칼은 긴뼈를 세로로 2등분하여 기본 형태를 만들고, 한쪽 끝 면의 선단부를 날카롭게 만들고 반대편은 맨손으로 쥐거나 착병하여 사용된 것이다. 양쪽 측면도 마연되어 있다. 범방 조개무지에서는 소아의 묘에서 인골의 목과 어깨부분의 사이에서 1점이 출토되었다. 짐승의 어깨뼈를 이용하여 제작된 것으로 앞부분은 날카롭게 되어 있으며, 반대편은 정부(頂部)가까이에 구멍이 뚫려져 있고, 양인부는 예리하게 마연되어 있어 채소류나 연한 살코기를 요리하기가 보다 용이하게 되었을 것이다.[27]

신석기시대에는 그 동안 가장 중요한 식량자원이었던 대형동물의 수가 급속히 감소함에 따라 식량의 확보가 생존에 있어 가장 큰 문제로 대두되었다. 신석기인들은 사냥보다 비교적 손쉽게, 그리고 안정적으로 식량자원을 확보할 수 있는 어로에 눈을 돌리기 시작하였다. 한반도 중·서부지역의 대표적인 신석기시대 유적들이

---

27 김건주, 「우리나라 骨角器의 분석적인 연구」, 『湖南考古學報』8집, 호남고고학회, 1998, 74쪽.

그림 3 서포항 유적 출토 낚시바늘

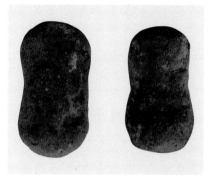
그림 4 서포항 유적 출토 그물추

대부분 강가, 해안, 섬 등에서 발견되었다는 사실은 신석기인들이 조개줍기와 고기잡이를 하면서 강가나 바닷가에서 생활하였음을 말해주는 좋은 증거이다. 또한 굴포리 서포항(그림 3, 4)[28], 궁산리 조개무지, 지탑리 조개무지, 미사리 유적, 암사동 유적 등에서 다량의 그물추와 찌르개끝이 출토되었다는 사실을 통해서도 어로가 이들의 주된 생업이었음을 확인할 수 있다. 이는 당시의 주민들이 그물로 물고기를 잡는 방법과 찔러 잡는 방법을 병행하여 사용하였다는 것을 의미한다.[29]

위에서 예로 들었던 궁산리 조개무지는[30] 서기 전 5,000년에서 서기 전 2,000년대 전반기에 형성된 것으로 추정되는데, 도끼를 비

---

28 조선유적유물도감편찬위원회, 앞의 책, 79쪽 그림 124, 125.

29 이의한, 앞의 글, 298~299쪽 ; 고고학 및 민속학연구소, 『궁산리 원시유적 발굴 보고』-유적발굴보고 2집, 사회과학원출판사, 1957 ; 도유호·황기덕, 「지탑리 유적 발굴 중간보고(1)」, 『문화유산』5, 사회과학원출판사, 1957, 36쪽 참조.

30 궁산리 패총유적의 행정구역은 평안남도 용강군 해운면에서 후에 온천군 운하리로 개편되었다(이의한, 위의 글, 296쪽).

그림 5 궁산 유적 출토 갈돌과 갈판

그림 6 궁산 유적 출토 뿔괭이

그림 7 궁산 유적 출토 괭이

롯하여 화살촉, 창끝, 물고기를 잡을 때 쓰던 찌르개끝, 갈돌, 숫돌, 그물추, 찰절구(擦切具), 가공한 흔적이 있는 석기 등과 함께, 사슴의 뿔로 만든 괭이와 뒤지개, 및 멧돼지의 송곳니(犬齒)로 만든 낫과 칼 등이 발견되었다. 특히 괭이, 뒤지개, 낫 등과 함께 농경과 관계되는 유물들이 많이 출토된 것으로 보아 이곳에서는 신석기시대에 이미 원시농경이 본격화되었음을 알 수 있다(그림 5, 6, 7).[31] 당시의 주민들은 괭이나 뒤지개로 땅을 파서 씨를 심는 원시적인 괭이농사를 지었던 사실을 알 수 있게 한다. 그러나 유적이 해안가에 위치하고 있고 다량의 그물추와 찌르개끝이 출토된 점으로 미루어 이 당시까지도 농업이 진행되었으나 주된 생업은 어로였음을 짐작할 수 있다.

황해도 봉산군 재령강의 지류인 서흥천(瑞興川)변에 있는 지탑리 유적에서도 신석기시대 사람들의 음식문화를 이해할 수 있는 많은 자료들이 출토되었다. 지탑리 유적은 서기 전 5,000년에서 서기 전 3,000년대 중반기에 형성된 것으로 추정하고 있는데, 이곳에서 도끼, 화살촉, 찌르개끝, 창끝, 갈동, 숫돌, 그물추, 낫, 보습 등 원시농경의 가능성을 감지할 수 있게 하는 다량의 유물들이 출토되었다(그림 8, 9, 10)[32]. 이와 함께 피나 조로 보이는 탄화곡물이 3홉 정도 출토되어 피와 조가 당시 지탑리인들의 중요 먹거리로 등장하였던 사실을 짐작할 수 있게 하였다. 특히 돌낫, 돌보습과 함께 발견된 탄화곡물은 당시 주민들의 생활이 일정부분 원시농경에 의존하고 있었음을 알 수 있게 하였다. 또한 돌

그림 8 지탑리 유적
출토 보습

---

31 조선유적유물도감편찬위원회, 앞의 책, 83~84쪽, 그림 133~135.
32 위의 책, 94~95쪽 그림 157, 158, 160.

그림 9 지탑리 유적 출토 낫　　　　그림 10 지탑리 유적 출토
탄화곡물

보습의 존재는 단순히 땅을 파서 씨를 심는 그 동안의 괭이농사에서
진일보하여 땅을 갈아엎고 이랑을 만드는 보다 발달된 보습농사가
시작되었음을 알 수 있게 하였다.[33]

　한강하류의 대표적인 신석기시대 유적인 암사동 유적에서도
그 시대 사람들의 음식문화를 이해할 수 있게 하는 다양한 유물들
이 발견되었다. 암사동 유적은 한강 남안의 강변을 따라 동서로 형
성되어 있는데, 유적의 형성연대는 서기 전 5,000년에서 서기 전
3,500년으로 추정되고 있다. 한반도 남부와 북한의 궁산 유적 등 여
러 유적에서 같은 유물들이 출토되었다. 이들 유적에서는 갈판과
갈돌, 공이, 가래, 낫, 쟁기, 반달돌칼(그림 11)[34] 등 농경이나 조리와
관련이 있는 다양한 유물이 출토되어 당시 사람들의 음식문화를 이
해할 수 있는 좋은 자료가 되어주고 있다. 특히 공구류로 긁개, 도

---

33 도유호 · 황기덕, 앞의 글 참조.
34 김원룡, 앞의 책, 66쪽, 그림 51.

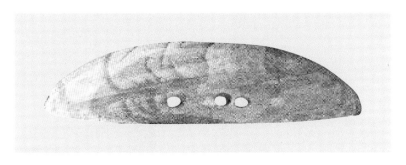

그림 11 경주지역 출토 반달형 돌칼

끼, 끌, 숫돌, 칼, 찍개, 새기개 등이 출토되었는데, 이를 통해 짐승을 잡고 잘게 쪼개 요리를 하기가 한층 수월하게 되었던 사실을 알 수 있다.

암사동 유적에서는 맷돌이나 갈돌 세트와 함께 다량의 도토리가 출토되었다. 이것은 당시 이곳 주민들에게 도토리가 중요한 식량이었음을 알 수 있게[35] 할 뿐 아니라 곡물로 다양한 조리법을 발달시켰음을 추정케 한다.

이상의 정리된 내용으로부터 한민족은 신석기시대 초기부터 각 지역의 특성에 맞는 다양한 용도의 도구를 발달시켰고, 아울러 수준 높은 농경기술과 함께 목축업과 어업 및 수렵활동을 진행하면서 음식의 종류와 가공법을 독창적으로 창조해 나갔음을 알 수 있다.

---

35 국립중앙박물관, 『岩寺洞』, 국립중앙박물관편, 1994 ; 이의한, 앞의 글, 297쪽 참조.

2. 음식의 재료와 가공법

한반도와 만주지역의 신석기시대 사람들은 정착생활과 함께 농업을 시작하였고 목축업과 어업 및 수렵을 통해 다양한 음식의 재료를 확보하였다. 우신 어업의 상황을 살펴보면, 신석기시대 한반도와 만주의 원시 토기 사용인들은 해안지역에 많은 조개무지(貝塚)유적을 남겼다. 우리나라의 서해와 남해안지역 어느 곳에서나 쉽게 찾아볼 수 있는데, 특히 중부와 서부지역에 조개무지들이 많이 분포하고 있다.

대부분의 조개무지를 구성하는 조개류에서 굴류가 차지하는 비중이 압도적이어서 이 시기 굴이 대표적인 음식 원료의 하나로 이용되었음을 추측할 수 있다. 예를 들어, 오이도 조개무지의 경우 99%가 토굴과 참굴로 구성되어 있는 것으로 볼 때 굴이 단순한 식재료의 단계를 넘어 문물교환을 위한 상품으로 이용되었을 가능성도 있다.[36] 그 결과 동일한 유적에서 시간이 갈수록 굴의 크기와 굴이 차지하는 비중이 줄어드는데 이는 굴의 과잉채취로 말미암은 것이었을 것으로 생각된다.

어류로서는 참돔, 농어, 넙치, (가)숭어, 상어류, 매가오리, 양태, 복어, 민태가 확인되었는데 이 가운데 매가오리, 복어, 민태는 신석기층에서만 출토되어 어종면에서는 신석기시대가 청동기시대보다 다양한 것으로 나타났다. 참돔, 농어, 넙치, 숭어 등이 비교적 출토된 양이 가장 많은 주요 어종인데 그중에서도 참돔의 흔적이 가장

---

36 이의한, 앞의 글 참조.

많아[37] 참돔이 신석기시대 사람들이 가장 많이 식용으로 했던 어종임을 알 수 있다.

궁산리 유적에서도 물고기류는 복어류, 숭어, 대구 및 경골어류 등이, 조개류는 백합, 굴, 섭, 동족조개, 골뱅이, 성게 등이 확인되어 당시 궁산리인들의 식단에 다양한 해산물이 등장하였던 사실을 확인할 수 있었다.[38] 이러한 어류와 어패류는 가장 손쉬운 조리법인 날로 먹거나 말리거나 혹은 굽거나 끓이는 방법으로 음식을 만들거나 저장식품화 했을 것이다.

신석기시대 사람들은 이러한 어업활동을 통해 조리법에서 짠맛을 내기 위한 염분의 필요성을 이해하게 되고, 그것이 진화하여 소금으로 간을 하는 조리법을 터득하게 되었을 것이다. 또한 이들은 해변가에 거주하면서 바닷물과 해산물을 토기에 담아 끓이고 여기에 들판에서 채집한 채소, 풀씨, 나무뿌리, 견과류 등을 함께 섞어 조리하였을 것이다. 이것이 오늘날 한국 음식문화의 대표적인 특징으로 꼽히는 뚝배기 찌개문화의 기원이 되는 것이라 생각된다.

조류로서는 꿩과 큰고니가 확인되었으나 그 흔적의 출토 양이 많지 않다. 큰고니는 겨울철새이므로 이 새 뼈가 출토되는 사실을 통하여 신석기시대 사람들이 겨울철에도 조개무지 지역에서 활동하

---

37 안덕임, 「안면도 고남리패총(8차 발굴조사) 출토 척추동물 유체에 관한 연구」, 『先史와 古代』13호, 韓國古代學會, 2002, 177~193쪽 ; 김병모·배기동·김아관, 『안면도고남리패총(3·4차 발굴조사보고서)』, 한양대학교박물관, 1993 ; 정문기, 『한국동물도감』2권 어류, 문교부, 1961 참조.
38 이의한, 앞의 글, 296쪽 참조.

였음을 알 수 있다.[39]

신석기시대 사람들은 정착생활과 함께 목축업을 발전시켰는데 사냥 또한 중요한 위치를 차지하고 있었다. 한국의 신석기시대 유적에서 발굴된 짐승 뼈는 말사슴 · 노루 · 사슴과 같은 동물을 비롯하여 멧돼지 · 사향노루 · 산양 · 표범 · 곰 · 족제비 · 여우 · 승냥이 · 청서와 같은 쥐목동물, 물개 · 바다표범 · 고래 등과 같은 바다짐승의 것도 있었다. 이밖에도 궁산 유적의 한 개 문화층에서는 지금은 볼 수 없는 물소도 있었다.[40] 이 같은 발굴 자료들은 문헌 자료와 벽화에 나타나는 동물들의 내용을 뒷받침하여 준다.

사냥의 도구로는 활촉이 많이 출토되는 것으로 보아 활을 쏘아서 잡는 짐승 사냥 방법이 널리 보급되었다는 것을 알 수 있는데 이는 유적들에서 발견되는 짐승 뼈들에 의해서도 알 수 있다. 짐승 뼈 가운데서 가장 많은 수를 차지하는 것은 사슴이나 노루와 같은 사슴과의 짐승들이다.[41]

신석기시대에 표범과 같은 맹수들은 주로 함정을 이용하고[42] 족

---

39 안덕임, 앞의 글, 185~186쪽.

40 조선기술발전사편찬위원회, 『조선기술발전사』원시 · 고대편, 과학백과사전종합출판사, 1997, 23쪽.

41 사회과학원력사연구소 고고학연구소, 『조선전사』1 - 원시편, 과학백과사전종합출판사, 1991, 140쪽 ; 김신규, 「미송리 동굴의 동물 유골에 대하여」, 『문화유산』1961년 6호, 11쪽 ; 김신규, 「립석리 원시 유적에서 나온 짐승 뼈에 대하여」, 『고고 민속』1965년 1호, 사회과학원출판사, 41~48쪽 ; 김신규, 「농포 원시 유적의 동물 유골에 대하여」, 『문화유산』1962년 2호, 44~60쪽 ; 김신규, 「무산범의구석 원시 유적에서 나온 짐승 뼈에 대하여」, 『고고 민속』1963년 4호, 사회과학원 출판사, 11~20쪽.

42 김도현, 「수렵함정과 사냥법에 대한 검토」, 『湖南考古學報』22집, 호남고고학회,

제비와 오소리·너구리같은 짐승들은 올가미를 사용하거나 동암리 벽화무덤에서 보이는 것과 같은 덫사냥 방법을 사용하여 잡았을 것이며[43] 그물을 사용하기도 했을 것이다.[44]

이 같은 다양한 방법의 사냥 기술과 목축업의 발전으로 신석기시대의 유적들에서는 집짐승의 뼈와 야생 짐승들의 뼈가 다양하게 함께 출토된다. 집짐승의 종류는 개·돼지·소·말·양 등이다.

개는 사람들이 처음으로 기른 집짐승으로 구석기시대 후기에 길들여져 신석기시대에 와서 보편적으로 기르게 되었다.[45] 한반도의 신석기시대 전기의 유적으로 분류되는 평안북도 의주군 미송리 유적 1 문화층(서기 전 6,000~5,000년기)에서 돼지과의 뼈가 출토되었는데 그 중에 집돼지의 뼈가 함께 나와[46] 한반도에서의 돼지 사육 연대가 매우 이른 것을 알 수 있다. 이는 한반도에서 돼지가 중국보다 앞서 사육되었음을 말해준다.[47] 그리고 고조선 지역

2005 참조.

43 조선기술발전사편찬위원회, 앞의 책, 143쪽 ; 김혜숙, 「고구려 벽화 무덤에 그려진 수렵도의 유형에 대하여」, 『조선고고연구』1993년 제4호, 사회과학출판사, 24~25쪽.

44 청동기시대 유적인 황해북도 봉산군 신흥동유적의 3호 집자리에서 그물이 발견되었는데 발굴자들은 이 그물에 그물추가 없었기 때문에 이 그물은 물고기 잡이에 쓰인 것이 아니라 짐승 사냥에 쓰였던 그물로 보았다(조선기술발전사편찬위원회, 위의 책, 228쪽).

45 림영규, 「원시시대 집짐승 기르기에 대한 몇 가지 고찰」, 『조선고고연구』1996년 제1호, 사회 과학원 고고학연구소, 34쪽.

46 김신규, 앞의 글, 1961년 6호, 11~12쪽.

47 박선희, 『한국고대복식-그 원형과 정체』, 지식산업사, 2002, 46쪽. 중국학자들은 절강성 하모도유적(서기 전 5,010년)에서 출토된 흙으로 만든 돼지와 집돼지의

그림 12 오동 유적 출토 돼지조각품   그림 13 범의구석 유적 출토 돼지조각품

에서 일반적으로 널리 돼지를 기르기 시작한 것은 서기 전 4,000
년대인 신석기시대 중기 무렵으로 인정되고 있다.[48] 그것은 신석
기시대 초기의 유적들에서는 집돼지 뼈가 출토된 일이 없고 신석
기시대 중기와 그 이후 시기의 유적들에서 집돼지 뼈와 함께 돌을
다듬거나 흙으로 빚어 만든 돼지의 조소품이 나타나기 때문이다[49]
(그림 12, 13)[50].

뼈를 근거로 세계에서 최초로 돼지를 사육했다고 주장한다.

48 사회과학원력사연구소 고고학연구소, 앞의 책, 124쪽.

49 郭家村 유적 1기층(신석기시대 중기, 서기 전 4,000년기) · 小珠山 유적 2기층
    (신석기시대 중기, 서기 전 4,000년기) · 오가촌 유적(신석기시대 중기, 서기 전
    4,000년기) · 서포항 유적 4기층(신석기시대 후기, 서기 전 3,000년기) · 농포 유
    적(신석기시대 후기, 서기 전 3,000년기) · 범의구석 유적 1문화층(신석기시대
    후기, 서기 전 3,000년기) · 곽가촌 유적 2기층(신석기시대 후기, 서기 전 3,000
    년기)에서는 집돼지 뼈와 함께 흙으로 빚어 만든 돼지가 나왔고, 용당포 유적(신
    석기시대 중기, 서기 전 4,000년기)에서는 돌로 만든 돼지가 나왔다(김신규, 앞
    의 글, 1963년 4호, 44~60쪽).

50 조선유적유물도감편찬위원회, 앞의 책, 194쪽 그림 424, 204쪽 그림 451.

소가 가축으로 길들여진 것은 다른 집짐승보다 비교적 늦은 서기 전 4,000년기였다.[51] 소뼈는 두만강 유역의 청동기시대 유적들에서 잘 알려져 있으나 발견된 수가 적고 그 밖의 지역에서는 잘 보이지 않는다. 이는 지질과 관계가 있기도 하지만 당시 사람들이 소를 기른 목적이 식용이나 가죽보다는 노동력으로 사용하기 위한 것이 주된 목적이었기 때문일 것이다.[52]

신석기시대에 목축업이 발달하였으나 이 시기 유적에서 출토되는 뼈의 89% 이상이 야생 짐승의 뼈인 것으로 보아 야생 짐승에 대한 사냥은 그들의 생활에서 여전히 떼어낼 수 없을 만큼 중요하였다고 생각된다. 이후 청동기시대로 오면서 신석기시대 유적에 비하여 출토되는 짐승뼈는 야생 짐승의 비율이 집짐승보다 낮아진다.[53]

그러나 청동기시대 유적들에서 야생 짐승으로 여전히 족제비·검은담비·수달·검은돈·토끼 같은 작은 짐승을 비롯하여 노루·사향노루·복작노루·사슴·고라니 등의 사슴과 동물 및 산양·멧돼지·오소리·너구리·여우·승냥이·곰 등 다양한 종류의 동물 뼈가 출토된다. 그 가운데서 여우·너구리·삵·족제비·수달·검은담비·검은돈·오소리 등의 작은 털가죽 짐승의 비율이 매우 높고 돼지·양·말 등의 집짐승 뼈도 많이 나타나 이들이 당시 주요한 동물이었다고 보여 진다.[54]

---

51 림영규, 앞의 글, 35쪽.
52 사회과학원력사연구소 고고학연구소, 앞의 책, 225~226쪽.
53 고고학연구소, 『고고민속논문집』2, 사회과학출판사, 1970, 119쪽.
54 사회과학원력사연구소 고고학연구소, 위의 책, 229쪽.

목축은 동물들의 먹이가 많은 북쪽의 초원 지대에서는 다른 지역보다 일찍부터 집짐승 기르기가 발전하여 목축업으로 전환되어 갔다. 그런 곳에서는 집짐승이 주요 식료자원이 되었기 때문일 것이다.

위의 정리로부터 신석기시대 사람들의 육류소비 비중이 상당했던 사실을 알 수 있다. 이들 동물들도 어류나 조류와 마찬가지로 굽거나 끓이거나 또는 염장시키거나 건조시키는 등의 방법으로 조리하여 먹거나 저장하였을 것으로 생각된다.

한편, 신석기시대에 식물성 식료가 중요한 식량자원으로 등장한 것은 중요한 변화라 할 수 있다. 자연에서 채취할 수 있는 것으로는 앞에서 서술한 도토리를 비롯한 견과류가 널리 이용되었을 것이다. 황해도 봉산 지탑리, 서울 암사동, 하남 미사리 등의 신석기 유적에서 도토리가 대량으로 출토되었던 점으로 미루어 도토리가 한반도 중·서부지역의 신석기시대 사람들에게 중요한 식량자원이었음을 알 수 있다. 도토리는 밤이나 호두와 같은 나무열매와 달리 떫은 맛이 있어 삶거나 가루를 내어 우려내는 방법을 거쳐야 먹을 수 있어 신석기시대 사람들이 이미 이 같은 방법을 터득했던 것으로 생각된다.

지금까지 계속된 고고학적 발굴을 통해 신석기시대 사람들은 중요한 음식 재료로 다양한 곡물들을 사용하였음을 알 수 있다. 이를 표로 작성해보면 다음과 같다.

발견된 유적 및 집자리	연 대	낟알종류
황해북도 봉산군 지탑리 유적 2호 집자리	신석기시대, 서기 전 3,000년기 전반기	피, 조
평양시 삼석구역 호남리 남경 유적 31호 집자리	신석기시대, 서기 전 3,000년기 후반기	조
평양시 삼석구역 남경 유적 36호 집자리	청동기시대 서기 전 2,000년기 말~1,000년기 초	벼, 조, 콩 기장, 수수,
요동반도 여대시 곽가촌 유적 2기층	신석기시대, 서기 전 3,000년기 후반기	조
함경북도 청진시 무산군 범의구석 유적 15호 집자리	청동기시대, 서기 전 2,000년기 후반기	기장, 수수
황해북도 봉산군 마산리 유적 7호 집자리	신석기시대 중기, 서기 전 4,000년기	조
남연해주의 끼로브스크 유적	신석기시대, 서기 전 3,000년기 후반기	기장
청진시 무산군 범의구석 유적 31호 집자리	서기 전 2,000년기말~1,000년기초	기장
함경북도 회령군 오동 유적	청동기시대, 서기 전 2,000년기 후반기	콩, 팥, 기장
황해북도 송림시 석탄리 유적 39호 집자리	청동기시대, 서기 전 8~7세기	조, 팥
경기도 여주군 흔암리 유적 12 · 14호 집자리	서기 전 1,600년경	벼, 조, 보리, 수수

[표 1] 곡물 낟알이 출토된 주요 유적[55]

이러한 정리표를 통해 신석기시대 사람들이 음식으로 만들어 먹었던 대표적인 곡물이 조를 비롯해 피, 수수, 기장, 콩, 팥 등이었음을 알 수 있다. 특히 콩은 역사시대로 들어가면서 된장 및 간장과

---

55 고고학 및 민속학연구소, 『지탑리원시유적발굴보고』, 사회과학원출판사, 1961, 51쪽 ; 고고학연구소, 『고고민속논문집』6, 사회과학원출판사, 1975, 165~205쪽 ; 고고학 및 민속학연구소, 『회령오동원시유적발굴보고』유적발굴보고 7, 사회과학원출판사, 1960, 58쪽 ; 고고학 및 민속학연구소, 『석탄리유적발굴보고』, 과학백과사전출판사, 1980, 58쪽 ; 사회과학력사연구원 고고학연구소, 『원시사』1, 백산자료원, 1991 ; 서울대 박물관, 『흔암리 주거지』1-4, 1974~1978 참조.

같은 장류의 원료로 이용되면서 한국인의 식단에 큰 변화를 가져오게 하였을 것으로 생각된다. 그러면 현재 우리가 주식으로 삼고 있는 쌀은 언제부터 경작되었을지 알아보자.

최몽룡은 한반도의 벼농사가 서기 전 1,000년대에서 시작하였을 것으로 보면서, 한반도의 농입은 집곡농사에서 시작하였고 잡곡농업이 상당한 기간 계속된 후에 벼농사가 시작되었다고 하였다. 이러한 과정에서 한국의 곡물조리법은 다른 쌀 문화권 즉 일본·중국남부·동남아 등에 비하여 잡곡 활용 솜씨가 떡 만들기와 밥 짓기 솜씨 등에서 월등하게 발달되고 실용화되었다고 보고 있다.[56]

그러나 최근의 연구에 의하면 충북 청원군 소로리에서 발견된 볍씨는 약 1만 5,000년 전의 볍씨로, 그 동안 국제적으로 가장 오래된 것으로 인정되어왔던 중국의 호남성에서 출토된 볍씨보다 약 3,000년이나 앞서는 것이다. 이 연대는 이융조 교수 연구팀이 소로리에서 탄화 볍씨 59톨을 발굴해 미국의 방사성 탄소 연대측정 기관인 지오크론(Geochron)과 서울대학교의 AMS 연구팀으로부터 동일하게 얻은 연대여서 국제적으로 공인 받은 것이다.[57] 이 같은 내용으로 보면 소로리 볍씨는 세계에서 가장 오래된 볍씨이고, 소로리가 가장 오래된 출토지인 것으로[58] 고고학적으로도 과학적으

56 윤서석, 앞의 글, 1987, 198~199쪽 참조.

57 이융조, 「중원지역 구석기연구와 과제」, 『한 그릇에 담은 나의 학문과 삶』, 학연문화사, 2006, 130쪽.

58 "'지금까지 세계에서 가장 오래된 벼의 기원지를 갖고 있다고 자부하던 중국 학자들, 특히 호남성 문물고고연구소 袁家榮 소장의 인정'은 더욱 주목할 만하다. 왜냐하면 '그는 소로리 볍씨가 발견되기 전가지 가장 오래된 볍씨가 출토된 玉蟾岩유적의 발굴 책임자'였기 때문이다(이융조, 위의 글 참조)."

로 증명되었다고 하겠다.[59] 소로리를 비롯하여 이후 시기에 속하는 다양한 지역의 유적에서 볍씨가 줄곧 출토되어[60] 한반도와 만주의 지역에서 벼농사가 활발히 이루어져 주식으로 변화되어갔음을 알 수 있다.

이상에서 살펴 본 바와 같이 신석기시대 후기로 들어오면서 곡물류가 주요 음식물의 재료로 되자 곡물을 이용한 조리방법도 다양하게 개발되었을 것으로 생각된다. 우리나라 곡물음식으로 최초의 것은 죽이었을 것으로 보기도 한다.[61] 그것은 피 · 기장 · 조와 같은 잡곡을 경작하던 초기 농경시대의 주거 유적에서 곡물의 제분용으로 쓰인 갈돌과 조리용구 또는 식사용구로 쓰였을 것으로 생

59 그러나 이에 대한 반론도 존재한다. 야생벼의 채집에서 관리, 재배를 위시한 도작 농경으로 정착되는 과정은 장기적 과정으로 여러 경제적, 사회적, 상징적 변화과정이 확보되어야 가능한 것인데 소로리 볍씨에 대한 여러 주장은 이런 과정을 제대로 설명하지 못하고 있기 때문에 아직은 검증되지 않은 가설 단계에 머물고 있음을 주의해야 한다는 내용이다(안승모, 「청원 소로리 토탄층 출토 볍씨 재고」, 『한국고고학보』70, 한국고고학회, 2009).

60 그 주요 출토지역은 다음과 같다. 서기 전 3,000년경에 해당하는 평양시 삼석구석 남경유적 31호 집자리와 36호 집자리 및 11호 집자리에서는 조, 벼, 기장, 수수, 콩이 출토되었다. 서기 전 1,050년경에 속하는 전남 무안군 다대면 가흥리 영산강 해안에서 쌀이 출토되었고, 서기 전 1,260년경에 속하는 경기도 여주군 점동면 흔암리 12호 주거지에서는 쌀, 皮麥, 牟栗, 粱, 栗, 수수등이 출토되었다. 서기 전 5세기에서 6세기경에 속하는 부여 초촌면 송국리 54-1호 주거지에서는 쌀이 출토되었고, 초기 철기시대에 속하는 전북 부안면 단산리 소산리와 전북 고창군 송용리에서는 볍씨자국 토기가 출토되었다. 여러 나라 시대의 부여 부소산 군창지와 경주 남산 장창지유적에서는 쌀이 출토되었고, 삼국시대의 경주시 석실묘에서는 벼껍질이 출토되었다(崔夢龍, 「考古學上으로 본 한국의 주거변천」, 『광장』, 세계평화교수협의회, 1986, 201쪽,).

61 윤서석, 앞의 글, 1987, 203쪽.

각되는 바리모양의 토기(鉢形土器) 등 죽과 관련이 있는 용구가 출토되기 때문이다.

한편, 당시의 견혈 주거 내부에는 화덕이 있다. 이로 미루어 곡물을 갈돌에다 바리모양의 토기를 담아 화덕에서 가열했을 것이라 이해되는데 이렇게 조리한 곡물음식이라면 죽이라고 추정된다. 물론 곡물에다 산과 들에서 채집해 온 나물, 수렵한 들짐승 고기, 바닷가에서 채취한 조개류를 함께 넣고 끓이기도 하였을 것이며, 혹은 콩이나 팥을 함께 넣고 걸쭉한 콩죽이나 팥죽도 끓여 먹었을 것이다. 이렇게 시작한 죽 요리는 탈각·제분·증숙 용구 등의 발달과 함께 여러 가지로 다양하게 발달하였다.

쌀로 끓이는 흰죽에 쌀을 맷돌이나 확돌(確石)에 갈아서 끓이는 수법이 오늘에까지 이어져 오는데 이러한 조리법은 원시농경시기에서부터 실시하였던 조리법이라고 생각된다. 우리나라의 토속적인 불계행의 (祓禊行儀)의 하나로 어린이가 고열로 신음할 때 메조만으로 죽을 쑤어 바가지에 담아 아기 머리맡에 놓고 제액 (除厄)을 빈 다음 내다버리는 풍습이 있다. 가장 원시적인 불계행의에 조죽을 쑤는 풍습이 있음이 우리나라 최초의

정면 正面 Front   후면 背面 Back

그림 14 초도 유적 출토 숟가락

곡물인 조와 죽 끓이기에 연유한 것이라고 생각한다. 나진 초도 조개무지에서 출토한 숟가락 역시 죽 요리에 쓰던 숟가락이었을 것으로 볼 수 있다(그림 14).[62] 대동강변에서 출토된 흙으로 빚은 숟가락(陶匙) 역시 죽이나 국물을 떠먹는 데 이용되었던 기구였을 것으로 여겨진다. 따라서 이러한 숟가락은 한국의 음식문화 형성 초기에서부터 쓰였음을 알 수 있으며, 숟가락의 등장과 사용은 또한 중국이나 일본과 대별되는 한국 전통 음식문화의 한 특징으로 자리매김하는 계기가 되었을 것으로 생각된다.[63]

한국 선사시대의 곡물조리법은 초기 농경기의 죽에 이어 시루에서 찐 음식으로 발전한 것으로 볼 수 있다. 시루는 청동기시대에 속하는 나진 초도 조개무지 유적과 초기 철기시대의 것으로 추정되는 북창군 대평리 유적 등에서 발견되고 있다. 나진 초도 조개무지는 양손잡이가 달리고 바닥에 작은 구멍이 여러 개 있는 것과 시루 바

그림15 초도 유적 출토 시루

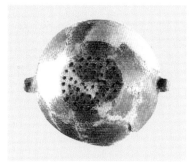
그림16 초도 유적 출토 시루의 밑바닥

62 조선유적유물도감편찬위원회, 앞의 책, 208쪽 그림 464·465.
63 윤서석, 앞의 글, 1987, 203~204쪽 참조.

닥 중앙부에 큼직한 구멍이 한 개뿐인 것이 있다(그림 15, 16)[64].

북창군 대평리에서 출토된 시루는 적갈색의 토기시루로서 높이 20cm, 입지름 36cm, 바닥지름이 12cm의 크기로 바닥에 구멍이 여러 개 뚫려있다. 이들 시루는 이미 청동기시대와 초기 철기시대에 시루로 곡물을 쪄서 익혔던 사실을 알 수 있게 한다.

달성군 달성면 제50호분 출토의 흙으로 빚은 도제(陶製)시루는 양쪽에 손잡이가 있는 것과 한쪽에만 있는 것 두 종류가 있었다. 양 손잡이의 것은 높이 16.6cm, 입지름 약 16.3cm의 크기이며 매우 단단한 경질의 토기로 제작된 것으로 시루 바닥에는 마치 꽃잎모양 같은 것이 7개 뚫려있다. 여기 비하여 손잡이가 한쪽에만 있는 것은 앞에 소개한 것보다 다소 작지만 역시 경질 토기로 되어있는데 아주 작은 구멍이 23개가 뚫려 있는 특징을 가지고 있어 두 시루의 용도가 상이하였음을 짐작하게 한다.[65]

이상의 검토로부터 선사시대 한반도와 만주지역에 거주하였던 한민족의 주된 음식의 재료는 어패류, 조류, 육류 등과 다양한 곡식과 식물의 열매나 견과류 등이었다고 생각된다. 이들 재료들은 굽기, 찌기, 염장, 말리기, 끓이기 등의 방법으로 다양한 조리법을 발전시켜 나갔던 것으로 분석된다.

---

64 조선유적유물도감편찬위원회, 앞의 책, 209쪽, 그림 467 · 468.
65 윤서석, 앞의 글, 1987, 204~205쪽 참조.

Ⅲ. 고조선시대 음식의 종류와 식기 발달

1. 음식의 재료와 조리법

동아시아 사회는 고대로부터 농업을 경제의 기초로 하고 있었다. 이는 한반도와 만주의 넓은 평원을 영토로 하고 있었던[66] 고조선의 경우도 마찬가지였다. 『삼국유사三國遺事』에 의하면 단군왕검이 고조선을 건국하기 훨씬 이전에 환웅이 하늘로부터 3천 명의 무리를 끌고 내려와 인간사회의 일을 맡아 보았는데, 그 때 환웅이 했던 일 가운데 곡물을 관장하였다는 것이 언급되어 있다.[67] 이는 고조선지역에서 건국되기 이전부터 농경을 중요시했음을 알게 해주며, Ⅱ장에서 서술한 여러 신석기시대 유적들이 이를 증명해주고 있다.

신석기시대의 농업은 계속 발전하여 고조선시대에 이르러서는 벼, 보리, 조, 기장, 콩, 팥, 수수, 피 등의 잡곡을 비롯한 여러 종류의 곡물이 재배되었다. [표 1]에서 제시되었듯이 볍씨는 남경 유적에서 출토되었는데 그보다 빠른 연대의 것으로 경기도 일산과 김포에서도 서기 전 3,000~2,000년경의 볍씨가 출토되었다.[68] 이러한 사실과

---

66 윤내현 · 박선희 · 하문식, 『고조선의 강역을 밝힌다』, 지식산업사, 2006 참조.

67 『三國遺事』卷1,「紀異」第1 古朝鮮 條.

68 任孝宰, 『韓國古代文化의 흐름』, 集文堂, 1992, 69쪽 ; 한국선사문화연구소 · 경기도, 『일산 새도시 개발지역 학술조사보고 1』, 한국선사문화연구소, 1992, 29쪽.

소로리 볍씨의 출토는 한반도에서 고조선이 건국되기 이전부터 벼 농사를 지었음을 확인케 한다.

고조선시대에는 다양한 목재 농기구가 만들어져 생산량을 증대시 키게 되었을 것이다. 고조선시대에는 청동공구를 사용하여 강한 목 재를 이용한 다양한 종류의 농기구를 만들어 농경의 발전을 가져왔 다. 이와 같은 사실은 평안남도 염주군 주의리에서 출토된 고조선시 대의 평후치와 수레바퀴에서 확인된다.[69] 발굴자들은 평후치와 함께 출토된 수레바퀴는 강한 참나무로 만들었고 규모도 크기 때문에 짐 승을 이용하여 끌어서 사용했을 것으로 보고 있다.[70] 이러한 수레를 끄는 짐승들은 주로 소나 말을 이용했을 것으로 농경에 동물을 이용 함에 따라 노동력을 크게 증대시켰을 것이다.

충청남도 대전시 귀정동에서는 농경문 청동기가 출토되었는데 (그림 17)[71], 사람이 따비로 밭을 가는 그림과 괭이로 땅을 파는 그 림 및 사람이 수확물을 그릇에 담는 그림이 새겨져 있는 것이었다. 이는 고조선시대에 이러한 농경 방법이 일반화되었을 것을 추측케 한다.[72] 또한 고조선시대의 유적에서는 반달돌칼, 돌낫, 돌갈판, 돌 갈대 등의 농업공구가 많이 출토되어 곡물재배가 일반화되었음을 알 수 있었다.[73] 또한 고조선시대 후기에 이르면 철기가 사용되기

---

69 사회과학원력사연구소, 앞의 책, 198~199쪽. 앞부분이 보습날의 역할을 하게 되어있어 경작지를 갈거나 이랑을 내는데 주로 사용되었다.

70 위의 책, 199쪽.

71 金元龍, 앞의 책, 90쪽 그림 82.

72 길경택, 「한국선사시대의 농경과 농구의 발달에 관한 연구」, 『古文化』27집, 韓國 大學博物館協會, 1985, 90~94쪽.

73 위의 글, 106쪽.

그림 17 대전시 출토 농경문 청동기

시작했다. 철기로 만든 농기구는 농업생산에 중대에 크게 기여하였다. 고조선시대의 철기농구로는 호미, 괭이, 삽, 낫, 도끼, 반달칼 등이 있다.[74] 이러한 철제 농기구들은 노동 능률을 크게 올려 주기도 하지만 큰 규모의 관개시설을 가능하게 하여 곡식의 생산량을 크게 증가시켜 주식과 부식의 재료를 풍부히 하였을 것이다.

신석기시대부터 한반도와 만주지역에는 벼, 보리, 조, 기장, 팥, 수수, 피 등의 곡물을 비롯한 도토리 등의 나무열매 등이 음식의 주요 재료였다. 이 지역에서 건국된 고조선의 경우도 마찬가지였다. 실제 이들 곡식과 열매들이 황해북도 봉산군 지탑리 유적, 청진시 무산군 범의구석 유적, 함경북도 회령군 회령읍 오동 유적, 황해북도 송림시 석탄리 유적, 평양시 삼석구역 남경 유적, 강원

---

74 박진욱,『조선고고학전서』-고대편, 과학백과사전종합출판사, 1988, 139쪽.

도 양양군 오산리 유적 등에서 출토되었다. 한반도와 만주의 산과 들에 흔한 개암 도토리·밤·잣·호두 등의 열매와 고사리·미나리·쑥·참나물·도라지·더덕·달래 같은 자연산 나물, 물고기·대합·굴·미역·김·다시마 등 바다에서 나는 것들도 고조선 사람들이 식생활을 보충하여 주는 중요한 부식물이었을 것이다.[75] 따라서 고조선 사람들의 주식은 이러한 곡물과 열매로 만든 음식으로 그 종류도 많았을 것으로 생각된다.

고조선에서 목축업과 함께 사냥이 활발했음이 여러 유적에서 출토된 멧짐승의 뼈에서 확인된다. 그 예로 고조선시대에 여러 유적에서는 멧돼지·집쥐·등줄쥐·비단털쥐·여우·너구리·승냥이·곰·검은돈·수달·검은담비·족제비·오소리·삵·시라소니·물개·표범·바다말·수염고래·바다표범·바다사자·사향노루·노루·사슴·말사슴·산양 등의 뼈가 출토되었다.

고조선에서는 발달된 농업 못지않게 목축업도 성행하였다. 고조선의 여러 유적에서는 개, 돼지, 소, 양, 말, 닭 등의 집짐승의 뼈가 확인된다.[76] 고조선시대 유적에서 출토된 동물 뼈의 비율을 보면 후기로 오면서 멧짐승 보다 집짐승의 뼈가 늘어나 목축업이 발달하였음을 알 수 있다. 사냥과 목축을 통해 얻어진 다양한 동물의 고기가 음식의 재료로 사용되었을 것이고, 뼈는 공구와 치렛거리

75 윤내현, 「古朝鮮의 經濟的 基盤」, 『白山學報』41호, 백산학회, 1993, 5~46쪽.
76 김신규, 「우리나라 원시유적에서 나온 포유동물상」, 『고고민속논문집』2, 사회과학출판사, 1970, 108~109쪽 ; 김신규, 「청동기시대의 짐승사냥」, 『고고민속논문집』2, 사회과학출판사, 1970, 108~109쪽 ; 장호수, 「청동기시대 짐승」, 『북한의 선사고고학』3-청동기시대와 문화, 백산학회, 1992, 589쪽.

등으로 만들어 졌을 것이며 가죽과 모피는 복식의 재료가 되었을 것이다.

고조선시대에는 이처럼 풍부하고 다양한 종류의 육류를 음식의 재료로 하여 굽거나 찌는 방법으로부터 볶거나 말려 두고 먹는 등 다양한 조리법으로 음식문화를 발달시켜 나갔을 것이다. 안악 3호 고분의 육고도(肉庫圖)에는 꿩·돼지·노루 등을 걸어놓고 훈연시키는 장면이 그려져 있는데(그림 18)[77], 이 동물들은 이미 털이 벗겨진 상태이다. 이는 사냥이나 목축에서 얻은 짐승의 고기를 훈연시켜 식품으로 저장했을 실현성이 있음을 말해준다.[78] 육고도에 보이는 훈연법은 비록 고구려시대의 음식 가공방법이지만 고조선시대부터의 육류 가공저장법을 계승했을 가능성이 크다. 또한 고조선 사람들은 이러한 육류를 곡식, 어패류, 채소, 과일, 열매, 견과류 등의 다양한 재료와 함께 조화를 이루는 조리법도 발달시

그림 18 안악 3호 고분벽화의 육고도

---

77 朝鮮畵報社,『高句麗古墳壁畵』, 朝鮮畵報社出版部, 1985 참조.
78 박선희, 앞의 책, 2002, 36쪽.

컸을 것이다.

고조선 사람들은 곡물을 그대로 조리하기도 하였지만 가루로 가공하여 음식을 만들기도 하였다. 신석기시대 유적에서 이미 가루로 가공하여 조리하였음을 여러 유적에서 출토되는 갈돌의 봉과 갈돌판의 출토로 확인할 수 있다. 고조선 사람들은 도구들을 사용하여 곡물의 껍질을 벗기기도 하고 가루로 만들기나 잘게 부수기도 하였을 것이다. 범의구석 유적 2기층 움집자리의 중앙에는 기장가루가 두껍게 쌓여 있었으며 15호 · 20호 · 35호 집 자리에 엎어진 독 주위에도 기장가루가 두껍게 쌓여있었는데,[79] 이는 고조선시대 곡물을 가루 내려 음식을 만들어 먹었던 좋은 증거라 할 수 있다.

고조선 사람들은 음식을 쪄서 만들기도 하였다. 초도 유적과 범의구석 유적 등에서 출토된 토기 시루나[80] 평양시 낙랑구역 정백동 유적 8호 무덤에서 출토된 청동시루(그림 19, 20)[81] 등은 이러한 사실을 알게 한다. 이들 시루들의 형태나 밑에 뚫린 구멍의 수는 서로 다르지만 오늘날 사용하는 시루의 기능과 유사하다. 고조선 사람들은 시루가 보급됨으로써 곡물을 찐 후 그것을 쳐서 떡을 만들기도 하였고 곡물 가루를 쪄서 증편 같은 것을 만들어 먹기도 했을 것이다.[82]

---

79 황기덕, 「무산범의구석유적 발굴보고」, 『고고민속논문집』6, 사회과학출판사, 1975, 154~157쪽.
80 위의 글, 154~157쪽.
81 조선유적유물도감편찬위원회, 앞의 책, 148쪽.
82 윤내현, 「古朝鮮 사람들의 衣 · 食 · 住와 風俗」, 『韓國民俗學報』, 한국민속학회, 1994, 204~206쪽 참조.

그림 19 정백동 유적 청동시루   그림 20 정백동 유적 청동시루 밑바닥

　　고조선 사람들은 이와 같이 여러 가지 음식의 재료로 다양한 조
리법을 발달시켰다. 그 과정에서 음식의 간을 맞추거나 맛을 내기
위해 어떠한 조미료들이 사용되었는지 알아보자. 신석기시대 이
래 개발된 소금은 고조선시대에 들어와서는 더욱 발달하고 그 이
용범위도 한층 확대되어갔을 것이다. 고조선 사람들이 소금을 조
미료로 사용했고 교역의 물품이었음이 『사기史記』 「화식열전貨殖列
傳」 오씨라 조에서 부분적으로 살펴진다.[83] 고조선 사람들은 음식
을 조리할 때 소금을 사용하여 간을 맞추기도 하고, 소금에 절여 오
랜 기간 보관할 수 있는 저장식품을 만드는데도 사용하였을 것이
다. 이러한 염장법의 발달은 야채와 어패류로 젓갈을 만들기도 하
였을 것이다.
　　또 다른 재료는 『삼국유사』 「기이紀異」 고조선 조에서 확인할 수
있다. 이에 의하면 단군신화 내용 가운데 마늘과 쑥이 등장하는데,

---

83 『史記』卷129, 「貨殖列傳」第69 烏氏倮 條 참조.

이를 통해[84] 고조선 사람들이 마늘을 향신료로 사용하였음과 쑥이 음식의 재료였음을 알게 한다.

한편, 범의구석 유적, 오동 유적과 요동반도의 쌍타자 유적, 장군산 유적 등을 비롯한 고조선시대의 여러 유적에서는 잔이 출토되고 있는 것으로 미루어 고조선시대에 음주문화가 발달했던 것을 알 수 있다.[85] 비록 고조선시대 음주문화와 관련된 직접적인 기록은 아니지만 고조선시대의 음주문화의 잔영을 짐작할 수 있게 하는『후한서後漢書』「동이열전東夷列傳」부여전에 다음의 기록을 참고할 수 있다.

> (부여 사람들은) 먹고 마시는 데에 조와 두를 사용하고, 회합을 할 때에
> 잔을 올리고 잔을 씻는 예법이 있다.[86]

위의 기록으로부터 부여에서 고조선 사람들과 마찬가지로 조(俎)와 두(豆)를 사용하여 음식을 먹었던 사실과 여러 사람들이 모여 회합을 할 때에는 잔을 올리고 잔을 씻는 예법이 있었음을 알수 있다. 이러한 음식문화와 음주예법은 단시일에 형성되는 것이 아니고, 그것이 정착되기 위해서는 오랜 전통과 함께 사회문화 전반에 걸친 발달을 필요로 할 것으로 생각된다. 그리고 부여 사람들의 이러한 고품격의 음식과 음주문화가 정착되기 위해서는 그에

---

84 『三國遺事』卷1,「紀異」第1 古朝鮮 條.

85 사회과학원 고고학연구소,『조선고고학개요』, 과학백과사전출판사, 1977, 69~71쪽.

86 『後漢書』卷85,「東夷列傳」第75 夫餘傳, "飮食用俎豆, 會同拜爵洗爵."

선행하는 음식문화와 음주문화의 전통이 존재했어야만 할 것으로 생각된다.

따라서 선진한 문화를 향유했던 고조선시대의 음주문화의 전통이 부여에 그대로 전승되어 발달한 것이라 생각된다. 그리고 부여시대 납월에 범국가적으로 거행되었던 제전인 영고에서는 연일 음식을 먹고 술을 마시며 노래와 춤을 함께하는[87] 행사가 해마다 계속되었다. 그 과정에서 부여의 음식문화와 음주예법은 더욱 세련되고 발전하게 되었을 것으로 생각된다.

이러한 술문화의 발달과 함께 술의 주조과정에서 식초가 만들어져 조미료의 역할을 하였을 것이다. 곡식이나 과일로 만든 술은 밀봉되지 않은 상태로 오래되면 자연히 식초로 변하기 때문이다.

이상의 분석으로부터 고조선시대 사람들은 다양한 음식의 재료로 여러 가지 조리법과 조미료를 사용하여 음식을 만들고 이것을 용도에 맞는 식기에 담아 수준 높은 음식문화를 이루었음을 알 수 있다.

2. 식기의 종류와 발달

고조선에서는 농업과 목축업 이외에 수공업이 발달하였다. 청동기와 철기의 발달은 수공업을 한층 발전시켜 음식문화와 관련된

---

87 『後漢書』卷85, 「東夷列傳」第75 夫餘傳, "(부여에서는) 臘月(음력 12월)에 하늘에 제사를 지내는데 연일 크게 모여서 마시고 노래하고 춤을 추며, 이름을 迎鼓라고 한다(以臘月祭天, 大會連日, 飮食歌舞, 名曰迎鼓)."

그릇의 수준도 더욱 높이게 되었다. 윤내현은 『한서漢書』 「지리지地理志」의 기록을 분석하여 고조선 사람들의 음식생활은 이미 상당히 문화적인 수준에 도달해 있었다고 분석했다. 특히 서기 전 12세기에 고조선의 전민(田民)은 대나무나 나무로 만든 그릇에 음식을 담아 먹었던 사실을 밝히고 있다. 전민은 농사를 지으며 사는 사람들을 지칭하는 것으로 볼 수 있어 고조선시대에 이미 음식을 그릇에 담아 먹는 생활풍습이 고조선의 농민사회에까지 널리 보급되어 있었음을 알 수 있다. 그 뿐 아니라 효리(效吏)나 내군(內郡)의 상인들이 사용했던 배기(杯器)는 대접류의 그릇으로 이해할 수 있어 변(籩)이나 두(豆)보다는 한층 고급한 용기였을 것으로 보고 있다.[88] 고조선 사람들은 조(俎)를 비롯하여 두와 변 등을 사용하여 음식을 먹었는데, 조는 굽이 낮고 편편한 그릇을 말하고 두는 나무로 만든 그릇이며, 변은 대나무로 엮어 만든 용기로 그 기원은 모두가 고대의 제사에서 사용하던 제기로 출발한 것이라 생각된다.

또한 고조선 사람들은 음식을 먹는데 숟가락을 사용하여 위생적인 면을 엿볼 수 있다. 서포항 유적의 청동기문화층에서 청동으로 만든 숟가락 2점, 범의구석 유적 청동기문화층에서 뼈로 만든 숟가락 2점, 함경북도 라진시 유현동 초도의 청동기 유적에서 뼈로 만든

---

88 『漢書』卷28下, 「地理志」下, "은의 도가 쇠퇴하자 기자는 조선으로 가서 그 지역 주민들을 예의로써 가르치고 농사짓고 누에치며 길쌈하였다. … 그 전민은 籩과 豆를 사용해 음식을 먹는데 도읍의 방자한 효리 및 내군의 상인은 배기로 음식을 먹기도 한다(殷道衰, 箕子去之朝鮮. 教其民以禮義, 田蠶織作. … 其田民飲食以籩豆, 都邑頗放效吏及內郡賈人, 往往以杯器食)." ; 윤내현, 『고조선연구』, 一志社, 1994, 661~662쪽 참조.

숟가락 1점 등이 출토되었다.[89]

고조선시대의 유적들에서 출토된 질그릇들은 형태와 크기가 매우 다양하여 당시 많은 종류의 음식이 만들어졌던 것으로 생각된다. 고조선시대의 유적에서 출토된 토기는 열을 가할 수 있었던 조리용기와 만든 음식을 담았던 음식용기 및 음식의 재료나 음식물을 저장해 놓는 큰 규모의 저장용기가 있다.

음식을 담는 토기는 표면을 곱게 간 것들로 그릇의 종류는 뚝배기, 보시기, 바리, 접시, 굽접시, 굽바리, 굽보시기 등 여러 가지이다. 이를 통해 고조선에서는 매우 다양한 음식을 만들어 먹었던 것을 알 수 있다. 고조선시대의 유적에서 출토되는 단지류와 여러 가지 유형의 큰 항아리들은 이전시기보다 크게 늘어났는데 이는 그릇에 담아 저장해야 할 음식물이 다양해 졌음을 의미한다. 또한 고조선시대의 범의구석 유적, 오동 유적과 요동반도의 쌍타자 유적, 장군산 유적 등에서는 잔이 출토되고 있는 것으로 보아 고조선시대에도 술 문화가 발달했던 것을 짐작케 한다.[90]

수공업의 발달은 고조선 후기로 오면 수준이 매우 높고 모양새가 화려하고 다양해진다. 서기 전 1세기 후반기에 속하는 평양시 낙랑구역 정백동 3호 유적에서는 나무에 문양을 넣어 칠을 한 칠기 대야가 출토되었고[91], 정백동 37호 유적과 석암리 9호 유적, 정백동

---

89 김용간 · 서국태, 「서포항 원시유적 발굴보고」, 『고고학 민속 논문집』4, 사회과학 출판사, 1972, 117쪽 ; 황기덕, 앞의 글, 1975, 124~226쪽 ; 고고학 및 민속학연구소, 『나진 초도 원시유적 발굴보고서』-유적발굴보고 1집, 과학원출판사, 1956, 25쪽 ; 조선유적유물도감편찬위원회, 앞의 책, 208쪽, 그림464.

90 사회과학원 고고학연구소, 앞의 책, 1977, 69~ 71쪽.

91 조선유적유물도감편찬위원회, 『조선유적유물도감』2-고조선 · 부여 · 진국편, 조

8호 유적에서는 청동으로 만든 단지와 다양한 양식의 그릇들이 출토되었다.[92] 이와 같이 크고 작은 여러 양식의 식기들에 음식을 담아 상에 정갈하게 차렸을 것으로 생각된다.

『삼국유사』「가락국기駕洛國記」에는 하늘에서 내려온 황금알 여섯 개를 아도간(我刀干)의 집에 두었더니 사내아이로 변화하였는데 이들이 평상 위에 앉자 모두가 축하하였다[93]는 기록이 있다. 이로 보아 평상이나 좌상을 놓고 그 위에 앉아 생활하였음을 알 수 있고 음식상은 이 평상이나 좌상과 어울리는 형태였을 것으로 생각된다.

후대의 자료이긴 하지만 고구려는 고조선의 것을 계승했으므로, 고구려 고분벽화 가운데 무용총 주실 북쪽의 접견도에서 보이는

그림 21 각저총 벽화무덤에서 보이는 상차림

선유적유물도감편찬위원회, 1989, 124쪽.

92 조선유적유물도감편찬위원회, 앞의 책-고조선 · 부여 · 진국편, 130쪽 · 142쪽; 東京帝國大學文學部, 『樂浪』, 刀江書院, 1930 ; 小場恒吉 · 榧本龜次郎, 『樂浪王光墓』, 朝鮮古蹟研究會, 1935 참조.

93 『三國遺事』卷2, 「駕洛國記」, "而六卵化爲童子, 容貌甚偉, 仍坐於床, 衆庶拜賀."

그림22 무용총 벽화무덤에서 보이는 음식을 나르는 모습

음식상과 각저총 실내생활도의 소반에 차려진 상차림(그림 21)[94]을 참고할 수 있다. 또한 무용총의 음식을 나르는 모습에서 작은 쟁반 (그림 22)[95]을 사용했음을 알 수 있다. 다음의 IV장에서 보다 상세히 다루고자 한다.

---

94 朝鮮畵報社, 앞의 책, 그림 204 참조.
95 위의 책, 그림 216 참조.

IV. 삼국시대 음식의 재료와 종류의 다양성

고구려는 가장 북방에 위치하고 있던 동부여와 읍루 그리고 중간지역의 동옥저 · 동예 · 최씨낙랑국의 경제를 통합하였다. 남방에서는 백제 · 신라 · 가야가 건국되면서 삼한(三韓)의 경제수준을 계승하였다. 『삼국지三國志』「위서 동이전魏書 東夷傳」에서 "(韓의) 동물과 초목은 대략 중국과 비슷하다."[96]고 하였고, 『수서隋書』「신라전新羅傳」에서는 "신라의 오곡 · 과일 · 채소 · 새 · 동물 등의 물산은 대략 중국과 같다."[97]고 하였다.

이로 보아 당시 한반도와 중국의 생산물품은 별로 차이가 나지 않았던 것으로 보인다. 여러 나라 가운데 한(韓)은 중국에서 가장 멀리 위치하고 있었는데 이곳의 동식물이 중국과 거의 비슷하였다면 그 사이에 위치하고 있던 다른 나라들의 경우도 마찬가지였으리라 짐작된다. 동식물에서 큰 차이를 갖지 않는다면 농작물과 목축업의 내용 및 수공업의 생산품목의 상황도 마찬가지였을 것이다. 그러면 다음에서는 고구려와 백제 및 신라의 음식의 재료와 종류에 대하여 분석하여 삼국의 음식문화를 올바로 정리하고 이를 뒷받침했던 당시의 경제수준에 대하여 알아보기로 한다.

---

96 『三國志』卷30,「魏書 東夷傳」第30 韓傳, "禽獸草木略與中國同."
97 『隋書』卷81,「東夷列傳」第46 新羅傳, "其種五穀 · 果菜 · 鳥獸物産, 略與華同."

1. 고구려 음식의 재료와 종류

고구려가 통합했던 동부여·북부여·읍루·동옥저·동예 등의 경제 상황에 대하여 알아보고 이를 바탕으로 발전한 고구려 음식문화에 대해 분석하기로 한다. 여러 나라 시대에 가장 북쪽에 위치하고 있던 동부여는 지금의 길림성 북부와 내몽고자치구 동부 및 흑룡강성을 차지하고 있었다.[98] 동부여의 농업과 목축에 대하여 『후한서』「동이열전」 부여전과 『삼국지』「위서 동이전」 부여전에 다음의 기록이 보인다.

> 동이(東夷) 지역 가운데 가장 평탄하고 넓은 곳으로서 토질은 오곡이
> 자라기에 알맞다. 명마(名馬)와 붉은 옥과 담비·살쾡이가 생산되며
> 큰 구슬은 대추만큼 크다.[99]

> 그 나라 사람들은 가축을 잘 기른다.[100]

위의 두 기록으로부터 동부여에서 농업과 목축업이 매우 활발했음을 알 수 있다. 이와 같은 상황은 북부여의 경우에도 마찬가지였다. 북부여의 건국전설에는 말·소·돼지·닭이 등장한다.[101] 또한

---

98 윤내현, 『한국열국사연구』, 지식산업사, 1998, 56~83쪽 참조.
99 『後漢書』卷30, 「東夷列傳」第75 夫餘傳, "於東夷之域, 最爲平敞. 土宜五穀. 出名
    馬·赤玉·貂貂·大珠如酸棗."
100 『三國志』卷30, 「魏書 東夷傳」第30 夫餘傳, "多山陵, 廣澤, 於東夷之域最平敞, 土
    地而五穀, 不生五果."
101 『論衡』卷2, 「吉驗篇」.

동부여에서는 여섯 가축의 이름을 따서 관직의 이름으로 마가(馬加)·우가(牛加)·구가(狗加) 등의 관직이 있다.[102] 이 같은 사실은 동부여가 건국되기 이전에 북부여시기부터 부여 사람들에게는 목축업이 널리 퍼져 있었던 것을 알게 한다. 부여 지역의 곡식과 목축업에 의한 동물의 고기 등은 고구려의 좋은 음식의 재료가 되었을 것이다. 『위서魏書』「열전列傳」고구려전에 "황금은 동부여에서 나온다."[103]는 내용이 있고, 『후한서』「동이열전」부여전에는 "궁실과 창고가 있다."[104]고 하여 자연산물이 풍부하고, 잉여 농산물을 축적하였던 것으로 생각된다.

동옥저는 토질이 비옥하고 산을 등지고 바다를 향해 있어 오곡이 잘 자라고 농사짓기에 적합하였다.[105] 고구려가 동옥저에 담비·무명베·물고기·소금 등과 해산물을 조세로 징수한 것[106]으로 보면 농업과 목축업 및 수산업이 발달해 풍부한 생산량을 갖고 있었음을 알 수 있고 동옥저의 오곡과 수산물 등은 조미료인 소금과 함께 고구려의 다양한 음식의 재료가 되었을 것이다. 다만 동예의 농업에 관해서는 직접적인 자료가 보이지 않는다. 그러나 동예의 땅이 기름지다는 기록[107]과 『후한서』「동이열전」에 새벽에 별자리의 움직임을 관찰하여 풍년이 들지 여부를 예측한다는 내용[108]으

---

102 『後漢書』卷85, 「東夷列傳」第75 夫餘國傳, "以六畜名官, 有馬加·牛加·狗加."
103 『魏書』卷100, 「列傳」第88 高句麗傳, "旦黃金出自夫餘, 珂則涉羅所産."
104 『後漢書』卷85, 「東夷列傳」第75 夫餘國傳, "有宮室·倉庫…."
105 『後漢書』卷85, 「東夷列傳」第75 東沃沮傳, "土肥美, 背山向海, 宜五穀, 善田種."
106 『後漢書』卷85, 「東夷列傳」第75 東沃沮傳, "責其租稅, 貂布魚鹽, 海中食物."
107 『三國志』卷30, 「魏書 東夷傳」第30 濊傳, "土地饒."
108 『後漢書』卷85, 「東夷列傳」第75 濊傳, "曉候星宿, 豫知年歲豊約."

로부터 농업이 발달하여 농업기술에 대한 경험이 오래 축적되었음을 알 수 있다.

이렇게 서술된 동부여·북부여·읍루·동옥저·동예는 이후 고구려에 통합되었으므로 이 나라들의 농산물과 수산물 및 축산물 등은 고구려 음식문화의 기초가 되었을 것이다. 고구려 사람들이 풍요로운 생활을 했음은 공공모임에 갈 때 모두 실크 옷에 수놓은 의복을 입고 금과 은으로 장식했다는 기록[109]에서도 알 수 있다. 그리고 이것은 『삼국지』「위서 동이전」의 아래의 기록에서도 확인된다.

> 그 나라의 대가(大家)들은 농사를 짓지 않으므로 앉아서 먹는 인구가
> 1만여 명이나 되는데, 하호(下戶)들이 먼 곳에서 양식·물고기·소금
> 을 운반 해서 그들에게 공급한다.[110]

위의 내용으로부터 고구려에서 어업 및 제염업이 매우 발달했음을 알 수 있고 농업도 발달했음을 알 수 있다. 이러한 상황이 고구려에서 집집마다 부경(桴京)이라는 창고[111]를 만들어 곡물 등을 보관하게 되었던 것이다(그림 23, 24)[112].

---

109 『後漢書』卷85,「東夷列傳」第75 高句麗傳, "其公會衣服皆錦繡, 金銀以自飾."
110 『三國志』卷30,「魏書 東夷傳」第30 高句麗傳, "其國中大家不佃作, 坐食者萬餘口, 下戶遠擔米糧魚鹽供給之."
111 『三國志』卷30,「魏書 東夷傳」第30 高句麗傳, "家家自有小倉, 名之爲桴京."
112 국립문화재연구소 웹페이지, 북한의 문화재 유적목록 중 세계유산 고구려 고분벽화_덕흥리 고분벽화 창고의 이미지와 그 모사도(http://portal.nrich. go.kr/kor/page.do?menuIdx=667)

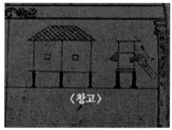

| 그림 23 덕흥리고분 고분벽화 창고 | 그림 24 덕흥리 고분벽화 창고 모사도 |

고구려는 비교적 추운지방에 위치하고 있어 국 종류가 발달하였을 것으로 생각된다. 동천왕 원년 왕후가 왕의 마음을 알아보기 위하여 근시를 시켜 밥상을 올릴 때 왕의 옷에 국을 엎지르게 하였다는 사실은 이를 확인케 한다.[113]

『삼국지』「위서 동이전」과 『남사南史』「동이열전東夷列傳」의 고구려전에는 고구려 사람들은 "발효음식을 잘 빚는다."[114]고 기록되어 있다. 술도 발효되어야 만들어지는 음료이자 음식이므로 고구려 사람들은 술도 잘 빚었을 것이다. 또한 고조선시대의 여러 유적에서도 술잔이 출토된 것으로 보아 고조선 사람들은 이미 술을 빚었던 것으로 추정되며, 이를 계승한 고구려시대에 와서는 양조기술이 한층 발달되었던 것으로 생각된다. 술이 있었다면 식초도 생산되어 조미료로 사용되었을 것이며, 이로써 고대에 발달된 발효가공식품의 기술이 있었음을 알게 한다. 아울러 이러한 발효의 기술이 장을 담그는 기술로 이어졌을 것으로 생각된다.

---

113 『三國史記』卷17,「高句麗本紀」第5 東川王 元年條 참조.
114 『三國志』卷30,「魏書 東夷傳」第30 ;『南史』卷79,「東夷列傳」第69 高句麗傳, "善藏釀."

고구려 사람들이 어떠한 그릇을 사용했는지 알아보기로 한다. 『후한서』 「동이열전」 예전에 "음식은 변과 두로 마시고 먹는다."[115] 고 한 것으로 보아 고조선시대의 전통이 이어지는 것을 알게 한다. 『후한서』 「동이열전」과 『삼국지』 「위서 동이전」의 서(序)에는 한반도와 만주의 주민들은 "그릇으로는 조와 두를 사용한다."[116]고 하였고 부여전에도 같은 내용이 보이는 것으로 보아 고구려도 마찬가지로 변과 두 및 조를 사용했음을 알 수 있다. 조는 굽이 낮고 편편한 그릇이고 두는 굽이 높은 그릇이다. 이로 보아 고조선시대의 음식 그릇이 이후로 전승되어 한층 더 다양하게 발달했음을 살필 수 있다.

다음으로 여러 가지 음식을 만들었을 부엌시설을 살펴보기로 한다. 살림집의 구조를 보면 부엌은 대부분 집의 서쪽에 설치했던 것으로 나타난다.[117] 난방시설은 고조선시대부터의 전통인 온돌시설을 계승하였다. 고구려는 겨울철에는 모두 구덩이를 길게 파서 밑에 숯불을 지펴 난방을 하였는데[118] 이러한 과정에서 숯불은 음식을 조리하는 데에도 사용되었을 것이다.

안악 3호 고분벽화와 약수리 고분벽화 등에는 고구려 부엌의 모습이 보인다. 그 동안 발굴된 유적들에 의하면 아궁이와 고래는 직각을 이루고 있었는데 이는 고조선의 것을 이은 것이다.[119]

---

115 『後漢書』卷85, 「東夷列傳」第75 濊傳, "飮食以籩豆."
116 『後漢書』卷85, 「東夷列傳」第75 序, "器用俎豆."
117 『三國志』卷30, 「魏書 東夷傳」第30 韓傳, "施竈皆在戶西."
118 『舊唐書』卷199, 「東夷列傳」第149 高(句)麗傳, "冬月皆作長坑, 下燃熅火以取暖."
119 최상준, 『조선기술발전사』2 삼국시기 · 발해 · 후기신라편, 과학백과사전종합출판사, 1996, 80쪽.

이 아궁이는 요즘의 한옥구조에서 쉽게 볼 수 있는 모습으로 솥을 걸어놓고 음식을 조리하거나 아궁이에 불을 지펴 구이요리를 할 수 있는 구조로 되어 있다.

고구려 사람들은 좋은 구조로 만들어진 부엌에서 어떠한 조리용 기구를 갖추었을까? 안악 3호 고분벽화에는 당시의 주방의 모습이 매우 선명하게 보여진다. 앞치마를 두른 여인은 머리를 단정히 빗어 넘기고 키에 알맞은 높이에 시루를 얹어놓고 무엇인가 조리를

그림 25 안악 3호분의 부엌 그림

하고 있는 모습이다(그림 25).[120] 시루에 솥으로 보이는 것을 앉히고 음식을 만들고 있다. 약수리 고분벽화에는 양손잡이가 달린 시루에서 무엇인가 찌는 요리를 하고 있는 모습이다. 고분벽화에 보이는 이러한 부엌의 모습은 당시 시루를 사용해서 찌는 조리법이 발달했음을 알려준다.

2. 백제 음식의 재료와 종류

백제와 신라 및 가야는 각각 한의 일부를 병합하여 건국되었기 때문에 한의 농업과 목축업의 경제를 그대로 계승했을 것이다. 한은 해마다 5월에 농사일을 마치고 귀신에게 제사를 지내고 10월에 농사일을 끝낸 후 제사를 지냈다는 기록[121]으로 보아 모든 지역이 농경사회로 농산물이 풍부한 음식의 재료가 되었을 것으로 생각된다. 『후한서』「동이열전」 한전에 농업과 수공업에 관한 다음의 기록이 보인다.

마한 사람들은 농사짓고 누에를 칠 줄 알며 길쌈하여 무명베를 짠다. 큰 밤이 산출되는데 그 크기가 배만큼 크며, 꼬리가 긴 닭이 있는데

---

120 국립문화재연구소 웹페이지, 북한의 문화재 유적목록 중 세계유산 고구려 고분벽화_안악 3호분 고분벽화의 부엌 이미지(http://portal.nrich.go.kr/kor/page.do?menuIdx=667)
121 『後漢書』卷85, 「東夷列傳」第75 韓傳, "常以五月田竟, 祭鬼神, … 十月農功畢, 亦復如之."

꼬리의 길이가 5척이나 된다.[122]

진한과 변한에 관한 기록에서도 농업과 수공업에 관한 내용이 보인다.

토질이 비옥하고 오곡과 벼가 자라기에 알맞고 누에치기와 뽕나무 가꾸는 것을 알아 실크와 무명베를 짜며 소와 말을 타고 부릴 줄 안다.[123]

위의 내용으로부터 한에서 벼와 오곡을 재배하고 과일과 밤농사도 지어 다양한 음식재료를 풍부히 생산했음을 알 수 있다. 이러한 한의 경제를 계승한 백제는 초기부터 농사를 권장하였다.[124]

백제는 다루왕 9년에 주와 군에 논을 만들게 하였고,[125] 고이왕 9년에는 남쪽의 늪지대를 논으로 개간하도록 하여[126] 줄곧 벼농사를 확대해 갔다. 뿐만 아니라 무령왕 10년에도 제방을 보수하고 저수지를 건설하는 등 관개시설에도 힘썼다.[127] 이러한 사실들은 백제에서 벼농사가 발달할 수 있었던 요인이기도 하고, 쌀로 만든 다양한 음식이 발달할 수 있는 터전을 마련했다고 하겠다.

---

122 『後漢書』卷85, 「東夷列傳」第75 韓傳, "馬韓人知田蠶, 作縑布. 出大栗如梨, 有長尾鷄, 尾長五尺."
123 『後漢書』卷85, 「東夷列傳」第75 韓傳, "土地肥沃, 宜種五穀及稻, 曉蠶桑, 作縑布, 乘駕牛馬."
124 『三國史記』卷23, 「百濟本紀」第1 始祖 溫祚王 14年條.
125 『三國史記』卷23, 「百濟本紀」第1 多婁王 6年條, "二月, 下令國南州郡, 始作稻田."
126 『三國史記』卷23, 「百濟本紀」第2 古尒王 9年條, "春二月, 命國人開稻田於南澤."
127 『三國史記』卷23, 「百濟本紀」第4 武寧王 10年條 참조.

『주서周書』「이역열전異域列傳」백제전에 의하면, 백제의 "오곡과 각종 과일·채소 및 술·음식·반찬·의약품은 거의 중국과 같다."[128]고 하였다. 이로 보아 백제 식물성 음식의 재료는 주식인 쌀 이외에 잡곡·과일·채소 등이 고조선시대보다 더욱 발달하였음을 알 수 있고 곡식의 생산량이 풍부하여 술을 잘 빚었음을 짐작할 수 있다. 과일류에 대하여는『후한서』부여전에 오과(五果)가 있었다고 하였는데 중국에서 오과라 함은 복숭아, 오얏, 살구, 밤, 대추를 들고 있어『주서』백제전이 전하는 여러 과일류에 대해 헤아릴 수 있게 된다.

『수서』「동이열전東夷列傳」백제전에 백제 사람들은 "대개 익혀먹지 않는다."[129]고 한 내용과『신당서新唐書』「동이열전東夷列傳」신라전에 "음식을 불에 익혀 먹지 아니하여 날짐승이나 길짐승을 날로 먹는다."[130]고 한 사실로부터 물고기나 육류를 회로 먹었음을 알 수 있다. 우리 민족이 회를 먹는 전통은 아주 오래되었다고 하겠다.

또한 백제 사람들이 화식하지 않았다는 것은 채소요리에도 적용된다. 즉, 중국 사람들은 대부분의 채소를 주로 볶거나 익혀서 먹는 조리법을 사용한다. 반면에 백제 사람들의 경우 채소를 익히지 않고 자연 그대로 먹거나 저장하여 발효식품으로 만들어 먹었기 때문에 '불화식'이란 중국측 기록이 남았을 것으로 이해된다.

백제에서 전쟁이 자주 있었기 때문에 쌀이나 콩과 같은 곡물 의존도가 더욱 높아졌을 것으로 생각되는데, 시루와 짝을 이룬 원저

---

128 『周書』卷49,「異域列傳」第41 百濟傳, "五穀雜果菜蔬及酒醴饌藥品之屬, 多同於內地."
129 『隋書』卷81,「東夷列傳」第46 百濟傳, "多不火食."
130 『新唐書』卷220,「東夷列傳」第145 新羅傳, "不火食, 噉禽獸."

장난형(圓低長卵形) 토기가 출토되는 것[131]으로 보아 곡물을 가공하고 조리하는 방법 가운데 시루를 이용하여 찌는 음식이 발달했음을 알 수 있다.

『삼국사기三國史記』「백제본기百濟本紀」에 전렵(田獵)에 관한 내용이 여럿 보이는 것으로 보아 백제는 곡물음식과 함께 오랫동안 육식을 장려하였음을 알 수 있다. 불교의 영향이 커진 6세기 중엽에는 살생금지령이 선포되어 육식을 금하는 사회 분위기에 따라 채식이 널리 장려되었을 것이나 이를 당시 사람들이 얼마나 수용했을지에 대해서는 확인하기 어렵다.

문헌자료와 고고학의 출토자료로부터 정리된 백제의 음식재료는 다음의 내용을 참고 할 수 있다.

종류		이 름
식물	곡물류	쌀, 보리, 밀, 기장, 조, 피, 메밀, 콩, 팥, 깨, 녹두, 마.
	나물·채소류	아욱, 고사리, 미나리, 참나물, 기름나물, 근대, 백합, 쑥, 달래, 냉이, 무, 박, 가지, 토란, 칡, 오이, 부추, 파, 상추, 연근.
	과일류	감, 개암, 밤, 도토리, 호도, 대추, 복숭아, 살구, 가래, 참외, 배, 사과, 머루, 포도, 수박, 잣.
동물	獸類	개, 소, 말, 돼지, 멧돼지, 사슴, 노루, 토끼, 여우, 염소.
	鳥類	닭, 오리, 꿩, 참새, 기러기, 비둘기.
	魚類	조기, 돔, 농어, 복어, 준치, 민어, 숭어, 정어리, 방어, 청어, 대구, 넙치, 가오리, 갈치, 멸치, 양태, 상어, 고래, 게, 잉어·미꾸라지를 비롯한 민물고기.
	貝類	굴, 바지락, 고둥, 우럭, 백합, 조개, 소라, 꼬막, 홍합, 전복, 대복.

[표 2] 백제의 음식재료[132]

---

131 권태원, 「百濟의 社會構造와 生活文化系統」, 『백제연구』26집, 충남대학교 백제연구소, 1996, 35쪽.

132 김기섭, 「백제인의 식생활 시론-재료와 조리를 중심으로」, 『백제연구』37집, 충

백제 사람들은 이러한 음식물 재료로 조리를 할 때 신라와 마찬가지로 다양한 조미료를 사용하였을 것으로 생각된다. 술·기름·꿀·엿·견과류·과실·식초·간장·된장·젓갈 등[133]을 들 수 있을 것이다. 백제와 긴밀히 교류한 동진(東晉)에서는 외지에 나가 있던 장군 사현(謝玄)이 낚시로 잡은 생선으로 젓갈을 만들어 멀리 있는 처에게 보냈다는 기록이 전하는 것으로[134] 보아 백제와 중국의 젓갈이 음식문화 교류에도 일조하였을 것으로 생각된다. 또한 백제와 신라가 이미 젓갈 등을 많이 만들었다면, 근채류와 몇몇 야채를 소금으로 절인 장아찌류의 식품이 만들어졌을 것으로 생각된다. 삼국시대의 토기 중 많은 양이 출토되는 각종 경질(硬質)·와질(瓦質)의 항아리류는 간장·된장·젓갈 등과 짠지·장아찌류의 저장용 식품용기였을 것으로 보여진다.

종래의 연구에서는 백제에서 언제부터 주식과 부식을 구분했는가에 대하여 다음과 같이 연구되어있다. 가야의 경우, 고배와 같은 식기류가 5세기경부터 급증하는데 주목하여, 늦어도 5세기 이전부터는 주식과 부식이 분리되었다고 한다. 이를 백제에 적용하여 삼족기(三足器) 등을 기준으로 삼으면 늦어도 4세기 후반 무렵에는 주·부식이 분리되었다고 주장된다.[135] 그러나 필자는 앞의 Ⅱ장에서 선사시대 후기로 가면 작은 식기들이 많이 생산되어 반찬 등을

남대 백제연구소, 2002, 1~2쪽 ;『삼국사기』참조.

133 『三國史記』·『三國遺事』참조.

134 周達生,『中國の食生活』, 創元社, 1989, 219쪽.

135 권주현,「가야인의 생활문화-식문화를 중심으로-」,『韓國古代史研究』16, 서경문화사, 1999, 78쪽.

그림 26 손잡이 붙인 바리(파수부완)

담았을 것으로 분석했다. 따라서 우리 민족의 토기 문화가 선사시대부터 발달해 온 것으로 보면 백제 후기에 와서 주식과 부식으로 분리되었다고 보는 것은 모순이라 생각한다.

그 밖에 백제 유적에서 출토되는 토제잔(土製盞)이나 파수부완(把手付盌, 그림 26)[136] 등의 소형토기는 그 양식으로 보아 술이나 차(茶)를 마시는데 사용되었을 것으로 생각된다.

3. 신라 음식의 재료와 종류

신라는 초기 혁거세거서간이 6부를 순행하면서 농사짓고 뽕나무 기르는 것을 장려하여 토지에서 최대의 이익을 얻도록 독려하여[137] 농업에 힘썼음을 알 수 있다. 이후에도 계속 백제와 마찬가지로 제방을 보수하고 저수지를 건설하여[138] 농경지를 확대하고 비옥하게 하였다. 그 결과 신라는 같은 농토에서 논농사와 밭농사를 겸할 수

---

136 국립부여박물관, 『부여박물관진열품도록』, 삼화출판사, 1981, 47~49쪽. ; 국립부여박물관 웹페이지 소장유물 검색 중 손잡이 붙인 바리(파수부완) 이미지 (http://buyeo.museum.go.kr/).

137 『三國史記』卷23, 「新羅本紀」第1 始祖 赫居世居西干 17年條, "王巡撫六部, 妃閼英從焉. 權督農桑, 以盡地利."

138 『三國史記』卷23, 「新羅本紀」第1 逸聖尼師今 11年條와 訥祇尼師今 13年條 참조.

있을[139] 정도로 땅이 기름지고 수확량이 높았다.

신라에서는 벼의 품종 개량에 힘썼는데 서기 186년에는 남신현(南新縣)에서, 242년에는 고타군(古它郡)에서, 294년에는 다사군(多沙郡)에서 우량 품종을 발견하였다.[140] 이것은 신라에서 벼농사에 힘썼음을 알게 하는 것이고 쌀이 주식이었음을 알게 하는 것이며 쌀을 재료로 하는 음식이 다양하게 만들어졌을 것으로 생각된다.

『수서』「동이열전」 신라전에 "오곡·과일·채소·새·짐승 등의 물산은 대략 중국과 같다."[141]고 한 것은 신라에서 여러 종류의 과일과 채소·육류음식을 만들어 먹었음을 알게 해준다. 그리고 『위서』「열전」 백제전에는 "백제인들의 의복과 음식은 고구려와 같다."[142]고 하였는데, 이것은 신라와 백제의 음식도 고구려와 다르지 않았음을 알게 한다.

삼국시대에 가축 중에서도 식용에 이용될 수 있었던 것에는 닭이나 개 등과 사냥에서 얻은 산짐승·들짐승 중에서 노루·산돼지·꿩 등이 많았을 것이다. 『삼국유사』 태종 춘추공 조에서 "왕의 식사는 하루에 쌀 3두(斗) 밥과 꿩 9마리를 먹었다."고[143] 한 내용으로부터 신라가 곡류의 가공이나 조리뿐만 아니라 수조육류의 조리법에도 능숙하였음을 알 수 있다.

---

139 『隋書』卷81, 「東夷列傳」第46 新羅傳, "田甚良沃, 水陸兼種."
140 『三國史記』卷23, 「新羅本紀」第2 伐休尼師今 3年條 참조.
141 『隋書』卷81, 「東夷列傳」第46 新羅傳, "其五穀果菜蔬鳥獸物産, 略與華同."
142 『魏書』卷100, 「列傳」第88 百濟傳, "其衣服飮食與高句麗同."
143 『三國遺事』卷1, 「紀異」第1 大(太)公春秋公 條 참조.

『삼국유사』문무왕 법민 조에는, 차득공이 안길을 맞아 잔치를 벌였는데 차린 음식이 50가지나 되었다[144]고 하였고, 『삼국사기』 「신라본기新羅本紀」 신문왕 조에는 왕이 부인을 맞이하기 위하여 폐백 15수레, 쌀·술·기름·꿀·간장·된장·포·젓갈 135수레, 벼 150수레를 보냈다[145]고 히였는데, 이로 보이 삼국시대의 음식은 다양한 조미료와 함께 그 종류가 무척 많았음을 알 수 있고, 우리 민족의 전통음식은 삼국시대에 다양한 갖춤새를 갖었던 것으로 확인된다.

위의 폐백 품목의 장(醬)에는 우리가 익히 알고 있는 된장과 같은 일반적 곡물 발효음식도 있지만, 지금은 잘 볼 수 없는 장도 포함됐다. 그것은 장(漿)이라는 것인데, 『삼국사기』 「신라본기」 김유신 조에 김유신이 바쁘게 진군하는 길에 자기 집 앞을 지나다가 하인을 시켜 장을 가져오게 하여 마셨다는 내용이 있다.[146] 이 장에 대하여 쌀이나 조 등을 끓여서 뜨거울 때 항아리에 넣고 맑은 물을 부은 다음 봉하여 발효시킨 것이라 해석되기도 한다. 즉, 이것은 지금의 간장과는 다르고 식초류와 함께 조미료로 쓰일 수 있었을 것으로 보면서 음료일 것으로도 이야기 된다.[147]

시(豉)에 관해서는 『신당서』 발해전에 "콩에 소금을 섞어서 띄운다."라고 설명되어 있다. 이 내용으로 보아 시는 콩으로 만든 발효

144 『三國遺事』卷2, 「紀異」第2 文武王法敏 條, "車得公聞而走出, 携手入宮, 喚出公之妃與安吉共宴, 具饌至五十味."
145 『三國史記』卷8, 「新羅本紀」第8 神文王 3年條, "幣帛十五轝, 米酒油蜜醬豉脯醯一百三十五轝, 租一百五十車."
146 『三國史記』卷41, 「列傳」第1 金庾信 條 참조.
147 鄭大聲, 『朝鮮の食べもの』, 築地書館, 1984, 205쪽.

가공품이라고 추정된다. 시가 소금을 섞어서 삭힌 것이라면 된장류로 볼 수 있고, 지금의 청국장과 같이 콩을 띄워 그대로 소금으로 간을 맞추어 만들거나 또는 그대로 말려 먹거나 하였을 것으로도 생각된다.[148]

그러면 폐백품목에 보이는 해(醢)는 어떤 식품일까? 아마도 해는 어패류와 수조류 또는 육류의 절임, 채소류의 절임을 의미하는 것으로 생각된다. 즉 어패류나 수조육류의 절임은 현재의 여러 가지 젓갈과 같은 것이고, 채소류의 절임은 장아찌류와 김치로 생각된다. 다시 말하면 지금의 김치는 언제부터인지 알 수 없으나 고대로부터 소금 절임, 술과 소금 절임 또는 술지게미와 소금 절임, 혹은 장(醬)에 절인 것이었다가 삼국시대를 지나 다양한 김치류의 저장 발효식품으로 발달되었을 것이다.

신라에서도 고구려나 백제 못지않게 술이 발달하였음이 출토된 토기로부터 알 수 있다. 선사시대의 사람들도 곡물을 생산하기 이전부터 야생의 열매를 삭혀 술을 만들었을 것으로 생각된다. 부산 동삼동 조개무지 최하층에서 나온 각배층 토기는 술과 관련된 것으로 해석된다. 또한 장경호는 목이 긴 호형토기로서 술을 빚어 담아두는 용기로 해석되는데, 고분의 부장상태에서 볼 때 둥근 모양의 항아리보다 상좌(上坐)를 의미하는 자리, 대체로 유해(遺骸)의 머리맡 가까이에 놓았다. 이는 장경호가 둥근모양의 항아리와는 달리 주기용(酒器用) 토기인 까닭이라고 보는 요인이다.[149]

---

148 윤서식, 앞의 글, 1987, 209~210쪽.
149 위의 글, 212~213쪽 참조.

그림 27 신라의 신선로
그릇으로 보이는 토기

『구당서舊唐書』「동이열전東夷列傳」 신라전에 "식기는 버드나무그릇을 쓰는데 구리그릇과 질그릇도 있다."[150]고 하여 식기의 재료가 다양했음을 알 수 있다. 『삼국유사』 문무왕 법민 조에서도 차득공이 안길을 맞이하여 대접한 잔치상에 찬이 50가지나 되었다고[151] 하여 잔치상에 많은 음식이 차려졌음을 알게 한다. 50가지나 되는 음식은 여러 재료가 다양한 조리법으로 조미료와 함께 어우러져 만들어 졌을 것이다. 고신라시대의 토기 가운데 신선로 그릇모양의 것이 있는데(그림 27)[152] 이로 보아 신선로와 같은 음식이 당시에 만들어질 가능성도 있다고 생각된다. 구이·찜·무침·부침·조림·절임·회 등의 음식은 여러 가지 재질과 양식을 갖춘 식기와 어우러져 신라 음식문화의 수준 높은 갖춤새를 만들어 나갔다고 하겠다.

150 『舊唐書』卷199,「東夷列傳」第149 新羅傳, "其食用柳栿, 亦以銅及瓦."
151 『三國遺事』卷2,「紀異」第2 文武王法敏 條 참조.
152 김원룡, 앞의 책, 60쪽, 그림 53.

V. 닫는 글

지금까지 문헌자료와 고고학의 출토자료를 중심으로 한국 고대 음식문화에 대해 종합적으로 고찰하고 그 발달사를 체계적으로 정리해 보았다. 이 과정에서 고대의 음식문화에 관한 고고학, 역사학, 민속학, 지리학, 식품영양학, 식물학, 생명공학 등의 다양한 분야에서 진행된 연구 성과를 부분적으로 수용하여 보완하였다.

선사시대의 음식재료와 가공법에 대해 정리하면 아래와 같다. 이동생활을 하던 구석기시대 사람들은 식량의 저장과 가공이 어려웠으나, 신석기시대에 오면 정착생활과 함께 토기를 만들어 사용하면서 그 같은 어려움에서 벗어나게 되었다. 신석기시대 사람들의 토기의 발명은 자연의 재료에 열을 가하는 조리를 할 수 있고 또한 생산물은 물론 수분이 있는 음식도 저장할 수 있게 하였다.

우리나라 신석기시대의 토기는 중국의 채색토기나 흑색토기 등과 그 문양이나 양식을 달리하고 빗살무늬를 주된 문양으로 하고 있다. 신석기시대 후기에는 대접모양의 용기와 소형 토기가 많이 출토되고 있어, 가족단위로 개인용 음식을 담았던 토기일 것으로 생각된다.

신석기시대 사람들은 농업과 함께 목축업과 어업 및 수렵활동을 많이 하였던 것으로 나타난다. 신석기시대 유적에서는 도끼, 화살촉, 찌르개끝, 창끝, 갈동, 숫돌, 그물추, 낫, 보습 등 원시농경의 가능성을 알게 하는 다량의 유물들이 출토되었다. 또한 갈판, 갈돌, 공이, 가래, 쟁기, 반달돌칼 등 농경이나 조리와 관련이 있는 다양한 유물이 출토되어 신석기시대 사람들의 음식문화를 이해할 수 있게 한다.

신석기시대 사람들의 음식의 재료를 살펴보면 아래의 내용과 같다. 물고기류는 참돔·농어·넙치·숭어·복어 등이, 조개류는 백합·굴·골뱅이·성게 등이 확인된다. 이러한 어류와 어패류는 날로 먹거나 말리거나 혹은 굽거나 끓이는 방법으로 음식을 만들고 저장식품화 했을 것이다. 이 과정에서 짠맛을 내기 위해 소금으로 간을 하는 조리법을 터득하게 되었다고 이해된다.

신석기시대 사람들은 정착생활과 함께 목축업을 발전시켰는데 사냥 또한 중요한 위치를 차지하고 있었다. 한국의 신석기시대 유적에서 발굴된 짐승 뼈는 말사슴·노루·사슴·사향노루와 같은 동물을 비롯하여 멧돼지·곰·멧돼지·오소리·너구리·여우·수달·검은담비·검은돈 등과 같은 쥐목동물, 물개·바다표범·고래 등과 같은 바다짐승의 것도 있었다. 집짐승의 종류는 개·돼지·소·말·양 등이다.

위의 정리로부터 신석기시대 사람들의 육류소비 비중이 컸었던 사실을 알 수 있다. 이들 동물들은 굽거나 끓이거나 또는 염장시키거나 건조시키는 방법으로 조리하였을 것이다.

그간의 고고학적 발굴을 통해 신석기시대 사람들은 중요한 식량으로 피·조·벼·기장·수수·콩·보리 등의 다양한 곡물들을 경작했음을 알 수 있다. 최근의 연구에 의하면 충북 청원군 소로리에서 발견된 볍씨는 약 1만 5,000년 전의 볍씨로, 그 동안 국제적으로 가장 오래된 것으로 인정되어왔던 중국의 호남성에서 출토된 볍씨보다 약 3,000년이나 앞서는 것이다. 소로리를 비롯하여 이후시기에 속하는 다양한 지역의 유적에서 볍씨가 줄곧 출토되어 한반도와 만주의 지역에서 벼농사가 활발히 이루어졌음을 알게 한다. 이상의 고찰로부터 한민족은 신석기시대 초기부터 수준 높은 농경기술과 함께 목축업과 어업 및 수렵활동을 함께 진행하면서 다양한 음식의 종류와 가공법을 발전시켜 나갔음을 알 수 있다.

고조선시대 음식의 종류와 식기의 발달에 대하여 정리하면 아래와 같다. 고조선시대에는 발달된 금속으로 만든 농기구와 수레에 부림 짐승들을 이용하는 등 농경의 발전을 이루어 농업의 생산량을 크게 증대 시키게 되었다.

고조선에서 목축업과 함께 사냥이 활발했음이 고고학적 발굴에 의해서 출토된 멧짐승의 뼈에서 확인된다. 그 예로 여러 유적에서는 멧돼지·여우·너구리·승냥이·곰·검은돈·수달·검은담비·족제비·바다말·수염고래·사향노루·노루·사슴·말사슴·산양 등의 뼈가 출토되었다. 아울러 개·돼지·소·양·말·닭 등의 집짐승의 뼈도 여러 유적에서 출토되어 고조선시기에 목축업이 성행했음을 알려준다.

고조선시대에는 이처럼 풍부하고 다양한 종류의 육류를 음식의 재료로 하여 굽거나 찌는 방법으로부터 볶거나 말려 두고 먹는 등 다양한 조리법으로 음식문화를 발달시켜 나갔을 것이다. 또한 고조선 사람들은 이러한 육류를 곡식, 어패류, 채소, 과일, 열매, 견과류 등의 다양한 재료와 함께 조화를 이루는 조리법도 발달시켰을 것이다.

고조선 사람들은 곡물을 그대로 조리하기도 하였지만 가루로 가공하여 음식을 만들기도 하였다. 신석기시대 유적에서 이미 곡물을 가루로 가공하여 조리하였음을 여러 유적에서 출토되는 갈돌과 갈판의 출토로 확인할 수 있다. 고조선 사람들은 음식을 쪄서 만들기도 하였다. 고조선의 유적에서 출토되는 토기시루나 청동 시루 등은 이러한 사실을 알게 한다.

고조선 사람들은 이처럼 풍부한 음식의 재료로 다양한 조리법을 발달시켰다. 그 과정에서 음식의 간을 맞추거나 맛을 내기 위해 소금과 마늘 및 쑥 등의 조미료와 향신료를 사용하였을 것이다.

고조선시대의 여러 유적에서 잔이 출토되고 있는 것으로 미루어 이 시대에 음주문화가 발달했던 것을 알 수 있다. 이러한 술문화의 발달과 함께 술의 주조과정에서 식초가 만들어져 조미료의 역할을 하였을 것이다.

청동기와 철기의 발달은 수공업을 한층 발전시켜 음식문화와 관련된 그릇의 수준도 더욱 높이게 되었다. 한편, 고조선의 여러 유적에서는 골고루 숟가락이 출토되고 있어 고조선 사람들은 음식을 먹는데 숟가락을 사용하는 생활을 했음을 짐작할 수 있다. 고조선시대의 유적들에서 출토된 질그릇들은 열을 가할 수 있었던 조리용기와 만든 음식을 담았던 음식용기 및 음식의 재료나 음식물을 저장해 놓는 큰 규모의 저장용기로 분류된다. 음식을 담는 토기는 표면을 곱게 간 것들로 그릇의 종류는 뚝배기, 보시기, 바리, 접시, 굽접시, 굽바리, 굽보시기 등이다. 이상의 분석으로부터 고조선시대 사람들은 다양한 음식의 재료로 여러 가지 조리법과 조미료를 사용하여 음식을 만들고 이것을 용도에 맞는 식기에 담아 수준 높은 음식문화를 이루었음을 알 수 있다.

다음으로 고구려와 백제 및 신라의 음식의 재료와 종류에 대하여 분석하여 삼국의 음식문화를 올바로 정리하고 이를 뒷받침했던 당시의 경제수준에 대하여 알아보기로 한다. 고조선을 계승한 고구려에서는 수렵은 물론이고 농업, 목축업, 어업, 제염업이 매우 발달했다. 고구려가 통합한 동옥저는 토질이 비옥하고 산을 등지고 바다를 향해 있어 오곡이 잘 자라고 농사짓기에 적합하였다. 또한 고구려가 동옥저에 담비·무명베·물고기·소금 등과 해산물을 조세로 징수한 것으로 보면, 농업과 목축업 및 수산업이 발달해 풍부한 생산량을 갖고 있음을 알 수 있고 동옥저의 오곡과 수산물 등은 조미료인 소금과 함께 고구려의 다양한 음식의 재료가 되었을 것이다.

고구려는 고조선의 양조기술을 이어받아 한층 발달시켰을 것이다. 술이 있었다면 식초도 생산되어 조미료로 사용되었을 것이라 여겨지는데 이는 상당한 발효가공식품의 기술이 고구려에 있었음을 알게 한다. 아울러 이러한 발효의 기술이 장을 담그는 기술로 이어졌을 것으로 생각된다.

고구려에서는 변과 두 및 조를 사용했음을 알 수 있다. 조는 굽이 낮고 편편한 그릇이고 두는 굽이 높은 그릇이다. 이로 보아 고조선시대의 음식그릇이 고구려에서 한층 더 다양하게 발달했음을 알 수 있다.

안악 3호 고분벽화와 약수리 고분벽화 등에는 고구려 부엌의 모습이 보인다. 그동안 발굴된 유적들에 의하면 아궁이와 고래는 직각을 이루고 있었는데 이는 고조선의 것을 계승한 것이다. 또한 좋은 구조로 만들어진 부엌에서 조리용 기구로 양손잡이가 달린 시루를 사용했음을 알 수 있다.

백제 음식의 재료와 종류는 다음의 내용과 같이 정리할 수 있다. 백제는 고구려와 마찬가지로 농업과 목축업이 발달하고 특히 해양국가의 면모를 보여주었는데, 이를 통해 어업이 발달하여 음식의 재료가 매우 다양했음을 살필 수 있었다. 문헌자료와 고고학의 출토자료로부터 징리된 백제의 음식재료는 아래와 같다.

곡물류로는 쌀·보리·밀·기장·메밀·콩·팥·깨·녹두 등이 있고 나물과 채소류로는 아욱·고사리·미나리·참나물·기름나물·쑥·달래·냉이·무·박·가지·토란·부추·파 등이 있었다. 과일류로는 감·개암·밤·도토리·호도·대추·복숭아·살구·참외·배·사과·머루·포도·수박 등이, 육류로는 개·소·말·돼지·멧돼지·사슴·노루·토끼·여우·염소·닭·오리·꿩·기러기 등을 확인할 수 있었다. 그 외에 어패류로는 조기·돔·농어·복어·준치·민어·숭어·정어리·방어·청어·대구·게·잉어·미꾸라지·굴·바지락·고둥·우럭·백합·조개·소라·전복 등이 있음을 알 수 있다.

백제 사람들은 이와 같은 다양한 음식물의 재료로 조리할 때 고구려와 마찬가지로 조미료를 사용하였을 것으로 생각된다. 조미료로는 술·기름·꿀·엿·견과류·과실·식초·간장·된장·젓갈 등이 사용되었을 것이다.

백제에서도 시루와 짝을 이룬 원저장난형 토기가 출토되어 곡물을 가공하고 조리하는 방법 가운데 시루를 이용하여 찌는 음식이 발달했음을 알 수 있다. 또한 백제 유적에서 출토되는 토제잔이나 파수부완 등의 소형토기는 그 양식으로 보아 술이나 차를 마시는 데 사용되었을 것으로 생각된다.

신라음식의 재료와 종류를 알아보면 다음의 것을 볼 수 있다. 신라가 삼국 중 가장 벼농사에 힘썼던 것으로 보아 쌀이 주식이었고 아울러 쌀을 재료로 하는 음식이 다양하게 만들어졌을 것으로 생각된다.

『삼국사기』「신라본기」신문왕 조에는, 왕이 부인을 맞이하기 위하여 폐백 15수레, 쌀·술·기름·꿀·간장·된장·포·젓갈 135수레, 벼 150수레를 보냈다고 하였다. 이러한 내용으로부터 신라의 음식은 다양한 조미료와 식재료를 활용하였고 그 종류가 무척 많았음을 알 수 있다. 이처럼 우리 민족의 전통음식은 삼국시대에 다양한 갖춤새를 갖고 있던 것으로 확인된다.

위의 폐백 품목 가운데 장(醬)은 일반 곡물 발효음식인데, 이 중에는 장(漿)도 있다. 장(漿)은 쌀이나 조 등을 끓여서 뜨거울 때 항아리에 넣고 맑은 물을 부은 다음 봉하여 발효시킨 것으로 조미료로 쓰일 수 있는 것으로 음료일 가능성이 크다. 시(豉)는 콩으로 만든 발효가공품이라고 추정된다. 해(醢)는 어패류와 수조류 또는 육류의 절임, 채류의 절임일 것으로 생각된다. 즉 이것은 각각 어패류나 수조육류를 절인 젓갈과 채소류를 절인 장아찌류와 김치로 여길 수 있다. 이러한 내용으로 부터 지금의 김치는 언제부터인지 알 수 없으나 고대로부터 소금과 장에 절인 것이 이후 김치류의 저장 발효식품으로 발달되었다고 짐작된다. 또한 신라지역에서 출토된 각배층 토기와 호형토기로부터 고구려나 백제 못지않게 술이 발달하였음을 알 수 있다.

한편,『삼국유사』문무왕 법민 조에는 차득공의 잔치상에 찬이 50여 가지나 되었다고 하여 잔치상에 많은 음식이 차려졌음을 알게 한다. 50여 가지나 되는 음식은 여러 재료가 다양한 조리법으로 조미료와 함께 어우러져 만들어졌을 것이다. 이들 음식은 주로 버드나무그릇과 구리그릇 및 질그릇 등에 담아 갖춤새를 보였다.

지금까지 문헌기록과 고고자료를 함께 채용하여 고대 한민족의 음식문화를 종합적으로 고찰해 보았다. 삼국시대에 형성된 음식문화는 고조선의 것을 계승하고 있을 뿐만 아니라 오늘날 한민족의 풍속과 음식에서 중요시되고 있는 것들이 당시에 이미 존재하고 있었음을 보여주고 있어 한민족의 음식문화가 매우 오랜 전통을 가지고 이어져 온 것임을 알게 한다. 이것은 한민족의 음식문화 가운데 지금까지 외래적인 것으로 알고 있는 내용들을 바로 잡을 수 있는 기회를 마련하는데 도움을 줄 수 있으리라 생각된다.

따라서 한국 고대의 음식문화를 고찰하는 것은 고대의 생활사를 한층 더 구체적으로 밝히는 작업이 될 뿐만 아니라, 우리 민족의 정체와 문화수준을 바르게 아는 데도 크게 기여하게 될 것으로 기대한다.

맥적貊炙에 관한 연구

Ⅰ. 여는 글

흔히 우리나라의 전통적인 고기구이는 맥적(貊炙)에서 유래했다고 한다.[153] 맥적에서의 '맥'은 중국의 동북쪽에 거주하는 민족을 가리키는 말로 고구려를 칭하는 말이며 맥적은 고기를 꼬챙이에 꿰어서 직화를 쬐어 굽는 요리인데 석쇠가 나온 뒤에는 꼬챙이에 꿸 필요가 없어져서 지금의 불고기가 되었다고 알려져 있다.[154]

이러한 맥적을 우리나라 또는 우리 민족의 음식으로서 알려지게 한 인물은 최남선이다. 최남선은 『고사통故事通』에서 '부여계 민족'의 음식으로 맥적을 꼽았다.[155] 그의 주장 이후 한국음식에서 특징적인 양념 고기구이 음식의 연원을 부여계인 고구려 맥적에서 찾고 있다.

---

153 정효길, 「中原 땅에 쇠고기 음식문화를 전파한 고구려의 貊炙」, 『古書研究』22호, 韓國古書研究會, 2004.

154 이성우, 『韓國料理文化史』, 教文社, 1985.

155 최남선이 부여계 민족이라고 기술한 것은 고구려는 부여의 일종(『三國志』卷30, 「魏書 東夷傳」第30 高句麗傳, "東夷舊語以爲夫餘別種.")라는 점에 기인한 것으로 보인다(최남선, 『故事通』, 삼중당, 1943).

그러나 최근 맥적이 우리 민족의 고유한 육류 음식문화의 연원이 될 수 있는지에 관한 의문이 국내·외 학자들에 의해서 제기되고 있다. 그들은 문헌사료의 기록을 바탕으로 맥적과 그것을 고유한 음식으로 갖고 있는 종족적 연원의 불일치 및 현재 우리나라 음식에서 나타나는 경향이 본래적 맥적과는 다르기 때문에 우리 민족의 것이 아니라는 의견을 제시하고 있다.[156]

따라서 이 글에서는 국내·외에서 제시된 의문점을 소개하며 맥적이 우리 민족과 어떠한 관련을 맺고 있는지에 관하여 고찰하고자 한다. 최남선의 주장 이래로 막연히 우리 민족의 것이란 생각을 갖게 된 맥적에 관하여 비판적으로 검토하는 것은 국내·외의 여러 의혹을 해소하는데 큰 역할을 할 것이다. 또한 맥적이 우리 민족이 갖고 있는 고유한 육류음식문화라면, 맥적에 관한 고찰은 단순한 '음식'만의 문제가 아닌 민족의 문화적 연원과 생활양식에 관해 알아보는 계기가 될 수 있을 것이다.

---

156 중국학자들의 연구는 연구사 정리에서 밝히도록 하며 국내에서 맥적이 우리 민족의 것인지에 대해 회의적으로 보거나 판단을 유보하는 저술가 및 연구자로는 황교익(『한국음식문화 박물지』, 따비, 2011, 71~72쪽, 《수신기》는 맥적을 맥족이 아닌 적족의 음식이라 적어놓고 있다. 적족이 한민족인지는 알 수 없는 노릇이다.")과 주영하(王仁湘 저·주영하 역, 『중국음식문화사』, 민음사, 2010, 559~560쪽 각주 33의 역자 의견 첨부, "…최남선의 주장을 이어받아 최근 많은 학자들이 맥적을 너비아니와 불고기의 원형으로 인정하려는 분위기가 강하다. 그러나 진실여부는 불명확하다. 이런 상태에서 중국학자인 왕인상은 맥적이 통양고기구이와 같은 중앙아시아의 음식이라고 이 책에서 주장한다. 한국학자들의 보다 구체적인 논증이 요구된다.")를 들 수 있다.

Ⅱ. 기존 연구 검토

1. 국내 연구

맥적을 우리나라의 음식으로 주목한 사람은 최남선이었다. 최남선은 『고사통』에서 맥적에 대해 다음과 같이 밝히고 있다.

> 대륙동북(大陸東北)의 민(民)은 본대 수렵목축(狩獵牧畜)으로써 생계(生計)를 삼아오는만큼 수육(獸肉)의 조리술(調理術)이 일직부터 발달하야왓섯다. 지나(支那)의 음식은 본대 심히 간소(簡素)하더니 한대(漢代)로부터 강자(羌煮)와 맥적(貊炙)이라는 숙육법(熟肉法)이 북방으로부터 중원에 전래하야 일대(一代)의 호상(好尙)하는 바-되고, 드듸여 그 연향(宴饗)의 내용을 성대하게 만드럿다. 자(煮)는 고기찜, 적(炙)은 고기구이를 니르는것이오 강(羌)은 서북의 유목민족(遊牧民族), 맥(貊)은 동북의 부여계민족(夫餘系民族)을 가르치는 것이다. 맥적 곳 부여식(夫餘式) 고기구이는 단일(單一)하지아니하야 당대(唐代)의 문헌에 대소맥적(大小貊炙)의 별(別)이 잇스며 이에 대(對)한 기호(嗜好)는 오래도록 고처지지 아니 하얏다. 맥적을 중심으로 하는 식탁에는 맥반(貊盤)이라는 칭호(稱號)가 잇섯다.[157]

이와 같은 최남선의 글에 따르면, 우리 민족이 생활터전으로 잡

---

157 최남선, 앞의 책, 27쪽.

은 환경에서 사회경제적으로 목축과 수렵이 발달하였고 그로 인해 육류 음식에 대한 요리방식이 발달하고 다양할 수밖에 없었다는 것이다. 또한 요리법이 '간소'한 중국에서 특별히 이종족들의 음식인 '강자·맥적'을 특히 선호했는데 그 가운데 맥적은 '맥족'의 음식으로 중국의 동북방면에 거주한 '부여계 민족'이 고안한 음식이었다고 서술하고 있지만 왜 그러한 주장을 했는지에 대한 이유는 밝히지 않았다.

그러나 이러한 최남선의 글은 1943년 발표된 이래로 계속 우리나라에 영향을 끼쳤다. 대다수의 음식문화 연구자들은 최남선의 글을 인용하여 우리 민족의 고기구이 연원을 맥적이라고 하였으며, 대내·외의 많은 문헌을 참고하여 우리나라 및 고대 동아시아 음식문화를 탐구한 이성우 또한 맥적에 관해 기록한 『석명釋名』과 『수신기搜神記』의 내용을 전하면서 양념을 하여 굽는 한국음식의 특색이 맥적에서 비롯된 것이라 하였다.[158] 특히 그는 맥적을 '우리 맥족'의 것이라고 소개하기도 하였는데 맥적의 발달에 대해 시대의 흐름에 따라 음식형태상의 변화가 있었을 것이라 하였다.[159]

가장 최근 맥적과 관련된 연구를 발표한 정효길[160]은 소고기로 만든 불고기를 언급하면서 맥적에 관한 최남선의 글을 언급하였다. 맥적이 소고기를 재료로 하여 만든 음식이란 직접적인 언급은 하지 않았지만 맥적과 설야멱적(雪夜覓炙)[161]과의 연관성을 언급하면

---

158 이성우, 『고려 이전 한국식생활사연구』, 향문사, 1978, 184~185쪽.
159 이성우, 『동아시아 속의 고대 한국식생활연구』, 향문사, 1992, 213~214쪽.
160 정효길, 앞의 글.
161 설야멱(雪夜覓), 설야적(雪夜炙)이라고도 한다. 설야멱은 소고기구이의 궁중

서 조선시대를 거쳐 개화기까지 이어지는 소고기를 재료로 한 음식의 발달과 유행을 서술하였다. 그러나 이 연구는 맥적에 대한 연구라기보다 맥적을 기원이라고 여기는, 소고기를 주재료로 한 음식의 발달을 주로 살펴보았다. 그렇기 때문에 우리 민족의 음식이라고 하는 맥적이 왜 우리 민족과 관련성이 있는지를 전적으로 최남선의 글에 의기할 뿐 본질적인 연원 및 계보 탐구는 하지 못했다.

최근에는 맥적을 우리 민족의 음식문화로서 보기 어렵거나 또는 그에 대한 판단을 유보하려는 경향이 보이기도 한다.[162] 문헌에 나타난 출처를 근거로 하여 '호맥(胡貊)'이나 '적(翟)'이 우리 민족과 관련이 없다고 생각하는 것이다. 게다가 앞서 밝힌대로 최남선의 글 이후 맥적에 대한 연원이나 내용에 관해 구체적으로 논한 연구가 거의 없었다는 점 때문에 이후 고찰할 국외 연구자들이 제기한 견해를 국내 연구와 비교검토하거나 논증할 거리가 부족하다고 여기는 듯하다.

2. 국외 연구

맥적과 관련하여 연구 성과를 축적하고 있는 곳은 중국 학계이

용어이다. 《受爵儀軌》(1765)에 기록되어 있는 설야멱의 재료구성을 보면 소고기 안심육 · 소고기 사태육 · 참기름 · 소금으로 되어 있기 때문에 재료구성상 소고기에다 소금과 참기름을 발라 불에 구운 음식을 설야멱이라 볼 수 있다(김상보, 『조선시대의 음식문화』, 가람기획, 2006, 237~238쪽).

162 각주 156번 참조.

다. 중국 학계는 두 가지 경향으로 맥적을 바라보고 있는데, 그 중 하나는 음식문화사적 측면에서 맥적을 연구하고 있는 학자들의 시각으로 그들은 맥적을 중국 서북계 종족의 음식문화로 여기고 있다. 다른 한편은 주로 중국의 동북계 종족을 연구하는 학자들의 시각인데, 그들은 맥적을 맥족과 관련 있는 문화 가운데 하나로 여기며 예맥 또는 고구려와의 연관성에 주목한다.

먼저, 맥적을 음식문화사적 측면에서 고찰한 연구를 살펴보면, 이들 연구는 거의 대부분 우리 민족과는 관련이 없다는 것으로 결론지었다. 대표적인 학자는 왕인상과 강유공인데, 먼저 왕인상(王仁湘)[163]은 맥적을 '호식(胡食)'이란 측면에서 다뤘다. 그는 한 무제 이후 서역과의 교류가 활발해지면서 서역의 문화, 예술, 종교 등이 중국인의 정신문화에 영향을 미쳤으며 동시에 전해진 대량의 물산과 음식풍조도 중국인들의 생활에 유행했다고 했다. 특히 육류음식문화가 중국에 큰 영향을 끼쳤는데 그것이 바로 강자(羌煮)와 맥적이라는 것이다. 이와 같은 그의 연구는 강자와 맥적이 비롯된 '강(羌)'과 '맥(貊)'을 모두 중국 고대 서북지역에 속한 소수종족[164]이라 보는 것에서 기인한다. 강과 맥이 중국 문헌에서 같은 지역에 위치하여 비슷한 생활·경제적 형태를 보이는 종족이라 볼 수 있는 증거가 없음에도 불구하고 강과 맥을 같은 서북지구 종족이라 해석함으로써 맥적에 관한 연원 및 문화적 맥락을 서역에서 비롯되었

---

163 王仁湘, 「羌煮貊炙话"胡食"」, 『中国典籍与文化』1995-1, 国典籍与文化杂志编辑部, 1995 : 王仁湘, 「天子爱胡食」 『中华文化画报』2008-10, 中国艺术研究院, 2008.
164 "羌和貊代指古代西北地区的小數民族(왕인상, 위의 글, 1995, 94쪽)."

다고 보는 것이다. 음식문화는 그 종족이 처한 환경과 생활경제에 큰 영향을 받는 것임에도 불구하고 명칭이나 종족에 대한 역사적 고찰 없이 이들을 모두 중국의 서북지구에 위치한 종족이라고 단정하는 것은 큰 문제라 할 수 있다.

강유공(姜維恭)[165]은 맥적과 우리 민족과의 관련성에 대해 몇몇 문제점을 제시하였다. 첫 번째는 맥적을 음식문화로 갖고 있는 종족인 맥족이 고구려와 관계가 없다는 것이며, 두 번째는 맥적에 관해 기록한『수신기搜神記』에 따르면 맥적은 "적(翟)의 음식"이라고 했기 때문에 더욱 우리 민족과 관계가 없다고 했다. 또한 맥적은 유목종족의 음식으로 다양한 육류가 재료로 활용될 수 있으나『제민요술齊民要術』의 적돈법(炙豚法)과 청대 학자인 왕선겸(王先謙)의 『석명소증보釋名疏證補』에 나타난 바[166]와 같이 돼지를 주재료로 하여 만드는 음식이기 때문에 소로 만드는 육류문화가 발달한 우리 민족의 음식문화와는 관련이 없다고 주장한다. 그가『송서宋書』[167], 『북당서초北堂書鈔』[168],『통전通典』[169] 등의 문헌사료와 다양한 가설을 제시하여 맥적을 고찰한 점은 앞선 왕인상의 연구보다 진일보한 측면이 있다고 생각되지만 그런 주장에는 몇 가지 오류가 있다. 첫

---

165 姜維恭,「貊炙与韓國烤肉」,『高句麗歷史研究初編』, 吉林大学出版社, 2005(저자의 이름은 출판본에 기록된 그대로 수록함).

166 『釋名疏證補』卷4,「釋飮食」第13, "貊炙…先謙曰卽今之燒豬."

167 『宋書』卷30,「志」第20, "晋武帝泰始後, 中國相尙用胡牀, 貊盤, 及爲羌煮, 貊炙. 貴人富室, 必置其器, 吉享嘉會, 皆此爲先."

168 『北堂書鈔』卷145,「酒食部」第4, "搜神記云, 羌煮貊炙戎狄之食, 自太始以來內國尙之."

169 『通典』卷200,「邊防」第16 北狄七, "東漢魏晋, 樂則長笛箜篌, (御則胡牀) 食則羌炙, 貊炙. (器則蠻盤 祠則胡天) 晋末五胡遞居中夏, 豈無天道, 亦人事使之然也."

번째로 그가 주장하는 고구려와 맥의 무관련성은 『한서漢書』[170]나 『후한서後漢書』[171], 『삼국지三國志』[172] 등 문헌사료에서 고구려를 '맥', 고구려인을 '맥인(貊人)'이라 칭하고 있는 점이나 '맥족'에 대해 연구하는 다른 중국학자들조차 맥족과 고구려의 관련성을 인정[173]하

---

170 『漢書』卷99中, 「王莽傳」第69中, "처음에는 왕망이 고구려병을 징발하여 오랑캐를 정벌하려 했다. 그들이 가려하지 않자 강제로 보내니 모두 도망하여 새외로 나갔고 이로서 법을 어겨 도적이 되었다. 요서 대윤 전담이 이를 추격하다 죽임을 당하니 주군이 허물을 고구려후 추에게 돌렸다. 엄우가 왕망에게 말하길 맥인이 법을 어겼으나 그 죄가 추에게서 비롯된 것은 아니니 그 마음을 바르게 하여 마땅히 주군으로 하여금 저들을 위로하여 안심하게 해야 한다고 하며, 지금 그들에게 큰 죄를 씌우면 마침내 반란을 일으킬까 걱정된다고 하였다. 부여의 족속 중에는 반드시 따르는 자가 있을 것이니 흉노를 이기지 못한 지금, 부여와 예맥이 다시 일어나면 큰 근심거리라고 했다. 왕망은 이를 듣지 않고 엄우에게 예맥을 쫓으라 하자 엄우는 고구려후 추를 속여 유인하고 그가 이르자 참하여 그 수급을 장안으로 보냈다(先是, 莽發高句驪兵, 當伐胡, 不欲行, 郡强迫之, 皆亡出塞, 因犯法爲寇. 遼西大尹田譚追擊之, 爲所殺. 州郡歸咎於高句驪侯騶. 嚴尤奏言, 貉人犯法, 不從騶起, 正有它心, 宜令州郡且尉安之. 今猥被以大罪, 恐其遂畔, 夫餘之屬必有和者. 匈奴未克, 夫餘, 穢貉復起, 此大憂也. 莽不尉安, 穢貉遂反, 詔尤擊之. 尤誘高句驪侯騶至而斬焉, 傳首長安)."
171 『後漢書』卷85, 「東夷列傳」第75 高句驪傳, "구려는 일명 맥이라 부른다. 별종이 있는데, 小水에 의지해 사는 까닭에 이를 小水貊이라 부른다. 좋은 활이 생산되니 이른바 맥궁이 그것이다. (句驪一名貊(耳) 有別種, 依小水爲居, 因名曰小水貊. 出好弓, 所謂貊弓是也)."
172 『三國志』卷30, 「魏書 東夷傳」第30 高句麗傳, "또한 소수맥이 있다. 고구려는 大水유역에 나라를 세워 거주하였는데, 서안평현에 북쪽에 남쪽으로 흘러 바다로 흘러드는 작은 강이 있어서, 고구려의 별종이 이러한 小水유역에 나라를 세웠으므로, 그 이름을 따서 小水貊이라 하였다. 그곳에서 좋은 활이 생산되니, 이른바 맥궁이 그것이다(又有小水貊. 句麗作國, 依大水而居, 西安平縣北有小水, 南流入海, 句麗別種依小水作國, 因名之爲小水貊, 出好弓, 所謂貊弓是也)."
173 조우연, 「중국학계의 '예맥'연구경향」, 『동아시아고대학』25, 동아시아고대학회, 2011, 302~310쪽.

는 측면에서 옳지 않다. 게다가 강유공은 그의 글에서 다양한 문헌 사료를 논거로 들어 맥적에 대한 주장을 하고 있는데 이러한 문헌 사료들을 논증하지 않으면서 고구려와 맥의 무관련성을 이야기하는 것은 이해하기 어렵다. 두 번째로, 맥적이 "적(翟·狄)의 음식" 이므로 고구려의 음식 및 우리 민족의 음식이 아니라고 보는 측면은 '맥'과 '적'에 대해 후한대 유학자인 정현(鄭玄)을 비롯한 다수의 유학자들 견해를 인용해 관련성을 추적한 이덕산(李德山)[174]이나 동한(東漢)과 남조(南朝)문헌을 통해 고구려와 맥족의 관련성을 추적한 이준방(李俊方)의 연구[175]에 의하면 맥과 적은 북방계 민족을 가리키는 말이며, 때에 따라 중국 왕조는 고구려를 '맥' 또는 '적'으로도 칭했음을 알 수 있었다. 그렇기 때문에 '맥'과 '적'을 다른 종족으로 보고, 맥적이 '적(족)'의 음식으로서 우리 민족과 관련이 없다고 주장한 강유공의 주장은 신뢰하기 힘들다. 마지막으로 맥적은 유목종족의 음식으로서 소를 이용하기도 하지만 주로 돼지를 이용해서 만들기 때문에 소고기를 많이 사용하는 우리 민족의 육류 음식문화와 맞지 않다는 주장에도 모순이 있다. 그는 맥적을 만들때 소를 이용하지 않는 이유에 대해 소가 농경에 사용되는 주요한

---

174 李德山, 「貊族的族源及其發展演變」, 『社会科学战线』1998-1, 吉林省社会科学院, 1998, 191~192쪽."

175 "实际上史书上亦不乏称高句丽为狄、夷、蛮的时候.《汉书·地理志》, 玄菟、乐浪、武帝时置, 皆朝鲜、秽貊、高句丽蛮夷. 前引《南齐书·高丽传》亦有 边境小狄之说.《礼记·王制》, 中国戎夷, 五方之民"的观念, 北方曰狄, 衣羽毛穴居, 有不粒食者也. 高句丽处于北方, 故称其为狄. 蛮夷与狄一样, 均是少数民族的泛称(李俊方, 「东汉南朝文献中所见高句丽称貊问题探讨」, 『贵州民族研究』2008-4, 贵州省民族研究所, 2008, 156쪽)."

가축이기 때문에 소보다는 돼지를 사용한다고 보았다. 그런데 그는 그의 글에서 맥적을 고구려계의 음식이 아니라 흉노, 강족, 오환, 선비, 돌궐 등과 같은 중국의 서북계 종족의 것이라고 했다. 이들은 모두 유목종족으로서 농사를 짓는 것보다도 초원지대에서 이동생활을 하며 양과 말 등의 가축을 기르는 것이 더 중요한 사람들이다. 만약, 맥적이 이러한 생활습속을 갖고 있는 이들의 음식문화라면 이들과 상관이 없는 정착생활이 필수인 농경을 이유로 소가 맥적의 재료로 사용될 수 없다고 했는지 이해되지 않는다. 더불어 맥적이 서북계 종족의 것이라면 돼지보다도 오히려 양이 주재료가 되어야 한다. 북방종족 가운데 돼지를 잘 키우는 종족은 주로 만주쪽에 거주하는 사람들이다. 고구려를 비롯한 읍루, 숙신, 물길 등이 주로 키우는 가축이 바로 돼지였는데 이들과 동시대 존재했던 문헌에서도 돼지를 잘 기른다는 내용이 나타난다.[176] 만일, 강유공의 주

---

176 부여 같은 경우에는 마가·우가·저가·구가 등의 관직명에 저가가 있을 정도로 돼지에 관해 중요한 사회경제 수단으로 생각하고 있었고(『三國志』卷30,「魏書 東夷傳」第30 夫餘傳, "國有君王, 皆以六畜名官, 有馬加·牛加·豬加·狗加….") 고구려 또한 모포를 돼지털로 짜고, 중요한 국가 제사에 돼지를 잡아 쓰는 등 돼지에 대한 많은 수요와 의미를 갖고 있었다(『三國史記』卷13,「高句麗本紀」第1 琉璃王 條, "十九年, 秋八月, 郊豕逸, 王使託利斯卑追之.";『翰苑』,「蕃夷部」高麗 ; 박선희,『한국고대복식』, 지식산업사, 2002, 46쪽) ;『三國志』卷30,「魏書 東夷傳」第30 挹婁 條, "其俗好養豬, 食其肉, 衣其皮.";『後漢書』卷85,「東夷列傳」第75 挹婁 條, "好養豕, 食其肉, 衣其皮.";『晉書』卷97,「東夷列傳」第67 肅愼 條, "無牛羊, 多畜猪, 食其肉, 衣其皮, 績毛以爲布.";『北史』卷94,「列傳」第82 勿吉 條, "其畜多猪, 無羊."

몽골초원의 유목민들에게 양, 염소, 소, 낙타, 말, 순록, 산양 등이 가장 중요한 가축이었는데, 이 중에서 순록과 산양을 제외한 나머지 다섯가지를 가장 중요하게 여겼다. 그중에서도 중요도에 따라 말, 소, 낙타, 양, 염소 등으로 나열할 수

장대로 맥적을 돼지로 만든다면, 생활습속 및 경제여건을 고려할 때 오히려 맥적은 서북쪽에 거주하는 종족들이 아니라 만주지방에 거주하는 사람들의 음식문화로 보아야 옳을 것이다.

형의전(邢义田)[177]은 「맥적소고」라는 글에서 한대(漢代)에 유행한 꼬치구이에 대해 살펴보았다. 육류를 굽는 방법인 번(燔), 적(炙), 포(炰)에 대해 논하였고, 맥적은 언제 만들기 시작했는지, 양한(兩漢)과 위진시대 화상석에서 나타난 꼬치구이를 살펴보고, 춘추시대 이래 출토된 고기(烤器)유물과 관련된 문헌을 확인하였다. 그 결론으로 육류를 굽는 방법은 오래부터 기인했지만 전체를 굽는 방법은 동한시대에 중국에 들어와 위진시대 이후 성행한 것으로 맥적은 중국전통의 포(炮[178] · 炰)와는 다른 것이며, 실제로 중국에서는 전국시대부터 양한시대 출토된 화상석에서 꼬치구이가 유행이란 것을 증명할 수 있으나 여기서 맥적의 흔적은 보이지 않는다고 했다. 형의전은 맥적이 어느 종족의 것인지에 대한 주장은 확실히 하지는 않았지만 동한과 위진시대에 유행한, 비중국적인 고기음식이자 구이방법이란 것을 여러 출토 유물과 문헌, 화상석을 통해서 입증하였다.

있는데, 말과 소, 그리고 양과 염소 등이 가장 기본적인 가축이었다(동북아역사재단, 『주서 · 수서 외국전 역주』, 동북아역사재단, 2009, 90쪽 각주 83번 참조).

177 邢义田, 「貊炙小考」, 『画为心声 : 画象石、画象砖与壁画』, 中华书局, 2011.

178 炮는 "도살된 동물의 털가죽에 진흙을 발라 감싸고서 불 중에 두어 굽는다(把屠宰了的動物, 連毛帶皮地用泥塗裏放在火中烤 : 康寶文 · 萬波 · 張詠梅 主編, 『語文求眞』, 三聯書店(香港)有限公司, 2008, 35쪽)."라는 설명을 참조하고, 炰는 송대 『廣韻』에 의하면 炮와 뜻이 같은 異體, 同義字이다(『廣韻』下, 「平聲」第2, "炮, 合毛炙物也, 一曰裹物燒. 炰, 上同.").

그밖에 단편적으로 맥적을 서북계 종족의 음식으로 보는 견해를 피력한 연구가 있다. 왕령(王玲)[179]과 서성문(徐成文)[180], 해봉(海峰)[181] 등의 연구이다. 이들은 호한문화의 융합측면에서 맥적을 바라봤는데 맥적이 중국의 서북계 종족 또는 서역의 음식문화라고 생각하였다. 그러나 맥적이 왜 서북계 종족의 음식인지 또는 그들과 어떠한 관련성을 맺고 있는지에 대한 설명은 하지 않고 있다.

한편, 특별한 설명은 없지만 맥적을 맥족, 즉 고구려계의 음식이라고 설명하는 중국학자들도 있다. 이들은 주로 맥족계 종족의 기원 및 생활문화를 설명하거나 고구려의 사회문화를 고찰하는 학자들인데 이들은 맥적에 관해 조선 또는 중국 동북계 종족의 것이라고 이해하고 있다. 이근반(李根蟠)[182]은 『제민요술』에 나타나는 중국 소수종족 육류요리법 가운데 강자는 중국의 서북종족의 것이며 맥적은 동북종족의 것이라고 주장했다. 그는 주를 달아 동북종족의 3대 민족 중 예맥계[183]가 있는데 예인과 맥인을 포괄한다고

---

179 王玲, 「《齐民要术》与北朝胡汉饮食文化的融合」, 『中国农史』24, 中国农业历史学会, 2005, 14~15쪽.

180 徐成文, 「汉唐时期胡, 汉民族饮食文化交流」, 『东方食疗与保健』2008-10, 湖南省药膳食疗研究会, 2008, 5쪽.

181 海峰, 「"胡食"胡话」, 『科学大观园』2008-14, 科学普及出版社, 2008, 40~41쪽.

182 "'羌煮法'似是以西北民族烹饪技术为基础…与'羌煮'齐名的'貊炙'应出自东北民族(李根蟠, 「从《齐民要术》看少数民族对中国科技文化发展的贡献-《齐民要术》研究的一个新视角」, 『中国农史』2002-2, 中国社会科学院经济研究所, 2002, 31쪽)."

183 "东北古代民族三大族系中有濊貊系, 包括濊人和貊人在内(위의 글 각주3 참조)."

도 했다. 변범(變凡)[184]은 예맥의 문화와 습속 연구를 통해 예맥계에는 예, 맥, 기(箕), 고조선, 고구려, 탁리(橐离), 양이(良夷), 발(發), 백이(伯夷), 부여, 옥저, 두막루(豆莫婁) 등이 있는데, 이들 예맥계 사람들의 음식 습속 가운데 맥적과 맥반이 중국의 전래되어 즐기게 되었다고 주장하였다. 왕려(王丽)[185]는 고구려벽화에 나타난 육식풍조를 고찰하면서 고구려를 대표할 수 있는 음식물은 양념을 사용하여 고기를 절이는 것인데, 예를 들면 맥적과 같이 한국을 대표하는 음식물처럼 구운 고기의 원조라고 설명하였다. 맥적을 고구려의 음식이자 우리나라의 구운 고기의 원조라고 보고 있는 것이다. 그러나 이들 또한 왜 맥적을 조선이나 중국 동북계 사람들의 음식이라고 생각하는지 그 이유에 대해서 논증을 생략하고 바로 단정적으로 주장하는 경향을 보이고 있다.

이러한 국내 · 외 학자들의 연구는 맥적을 이해하는 시각의 차이를 보여준다. '맥적'이란 음식에 대해 한국학계는 맥적을 후한대의 통구이 형태에서 위진시대로 오면서 그 모양이 '오늘날의 불고기'와 같이 변했을 것이라 추정[186]하고 있으며 주로 소고기로 만들

---

184 "在饮食方面, 貊炙是貊族的一种饮食习俗, 方法是将整猪用火烤熟, 然后众人围坐, 自己拿刀割肉, 然后食之, 现在的烤全羊或烤全猪的方法或许就是从貊炙因袭而来. 貊盘, 是貊族人发明的盛装食物的器皿, 由貊人进贡中原, 深受中原人的喜爱, 贵族或富有的人家都要储存几套, 招待客人的时候, 首先要把貊盘拿出来. 一直持续到唐代, 貊盘仍是风靡上流社会的食器之一(變凡,「秽貊系民族的习俗、文化与民族性格」『社会科学战线』2006-5, 吉林省社会科学院, 2006, 172쪽)."

185 "高句丽最具有代表性的食物是用佐料腌制的肉块-貉炙这也是现在韩国具有代表性的食物-烤肉的远祖(王丽,「高句丽壁画之尚肉食考」,『黑龙江科技信息』2007-7, 黑龙江省科学技术学会, 2007, 114쪽)."

186 이성우, 앞의 책, 1992, 214쪽.

었을 것이라 생각하고 있다. 반면에 중국학계는 맥적을 통구이 형태라고 보고 있으며 재료에 대해서는 양과 돼지가 모두 재료가 될 가능성이 있지만 대체로 돼지를 주재료라고 보고 있다. 특히 재료와 관련되어 맥적을 음식문화로 향유한 종족 또는 민족적 연원 문제가 대두되는데 왕인상을 비롯한 음식문화 연구자들은 맥적을 중국 서북계 종족의 음식이라고 주장하면서 우리 민족과의 연관성을 부인하고 있다. 반면에 맥적은 예맥계의 것이라고 보는 학자들도 있으나 그들에게 맥적은 예맥계 민족 문화적 습속 가운데 하나로 여겨질 뿐 역사적, 종족적 맥락에서의 발전적인 고찰을 하지 않고 있다. 한국학계에서는 그 동안 맥적을 우리 민족의 것이라고 확신하는 경향을 보였으나 최근에 맥적이 우리 민족의 음식문화인지에 대한 회의적인 시각이나 판단을 유보하는 시각이 대두되고 있다. 그래서 이것에 대해 보다 체계적이고 심층적인 연구를 하지 못하고 있는 실정이다. 오히려 '맥적'보다도 설하멱적 및 불고기와의 연관성에 집중하는 면모를 보이고 있어 맥적이 어떠한 음식이며, 어떤 사람들이 향유한 음식이었나를 밝히는 근원적 문제에는 접근하지 못하고 있는 것이다.

Ⅲ. 맥적의 "적炙"

1. 맥적 관련 사료

음식으로서의 맥적이 어떠한 것인지 알 수 있도록 단서를 제공하는 기본 사료는 다음과 같다.

① 맥적은 전체를 구운 것이며 각자의 칼로써 베어 먹는다. [그 음식은] 호맥(胡貊)에서 비롯된 것이다.[187]

② 호상(胡床)과 맥반(貊盤)은 적(翟)의 기구이며, 강자(羌煮)와 맥적(貊炙)은 적(翟)의 음식이다. 태시(太始)이래[188] 중국에서 이를 즐겨먹는 풍조가 생겼다. 또한 귀한 사람이나 부잣집에서는 반드시 좋은 행사를 치루거나 손님을 모실 때면 누구나 서로 다투어 내놓고 자랑하였다. 이는 융적(戎翟)이 중국을 침략해 올 전조였다.[189]

③《東宮舊事》에서 이르길…칠을 한 맥적용 쟁반 2개[190]

---

187 『釋名』卷4,「釋飲食」第13, "貊炙, 全體炙之, 各自以刀割出於胡貊之為也."
188 진 세조(晉 世祖) 무황제(武皇帝) 사마염(司馬炎)이 사용한 연호로서 서기 265~274년이다.
189 『搜神記』卷7, "胡床貊盤翟之器也. 羌煮貊炙翟之食也. 自太始以來中國尚之. 貴人富室必留其器. 吉享嘉賓皆以為先. 戎翟侵中國之前兆也."
190 『太平御覽』卷758,「器物部」第3 盤, "東宮舊事曰長槃五, 漆尺槃三十, 漆柏炙拌二.(拌, 音與槃同)."

《東宮舊事》에서 이르길…칠을 한 맥적용 큰 함 한개[191]

인용글①의 경우 가장 이른 시기에 맥적에 관해 기록한 후한시대 유희(劉熙)가 지은 『석명』의 내용이다. 『석명』이란 말의 어원을 설명하는, 일종의 한대(漢代) 일상용어 어휘집[192]이라 할 수 있는데, 이러한 『석명』의 기록에 따르면 이미 한나라 시대에 맥적이 존재했으며 식재료를 통째로 구워 각자의 칼로 잘라먹는 '통구이 음식'이라는 것을 알 수 있다. 이 음식은 비한족계 육류 음식으로서 호맥에서 그 연원을 찾을 수 있는데 어떤 재료로 만들었는지는 알 수 없다. 다만, "각자의 칼"이란 대목에서 맥적은 여러 사람이 함께 모인 자리에서 먹는 음식이라는 것을 알 수 있다. 아마도 맥적은 일상식이라기보다 여러 사람이 함께 모인 자리에서 먹는, 주로 잔치용 또는 접객용 음식이었을 것이다.

②는 4세기경 중국 동진(東晋)의 간보(干寶)가 편찬한 지괴류 문헌인 『수신기』의 내용이다.[193] 여기에 강자와 맥적이란 음식이 적

이때 나타나는 '柏炙'은 貊炙이라 볼 수 있다. 貊은 문헌에서 貉, 貃으로도 쓰이는데 당대의 문헌인 『群書治要』(卷14, 「漢書二」, "彭吳穿穢貊(貊作貉), 朝鮮置滄海郡,…")에는 貊을 栢이라 기록하였다. 栢은 柏의 이체자이므로 柏은 貊이라고 할 수 있으며 중국의 음식기구를 연구한 張景明과 王雁卿 또한 "漆柏炙拌"을 "漆貊炙盤"이라 이해하고 있다(張景明·王雁卿, 『中國飲食器具發展史』, 上海古籍出版社, 2011, 173쪽).

191 『太平御覽』卷758, 「器物部」第5 炙函, "東宮舊事曰漆貊炙大函一具."

192 구희경, 「《석명·서》를 통해 본 유희의 언어관 연구」, 『중국언어연구』35, 한국중국언어학회, 2011, 138쪽.

193 지괴(志怪)류 문헌에 속하는 『수신기』는 당시에 회자되는 이야기를 묶어 만들어졌다. 간보를 비롯한 지괴작가들은 당시에 전해지는 이야기들을 되도록이면

(翟)의 음식이라고 나온다. 이때의 '적'이 어느 특정한 종족인지, 또는 비한족계의 범칭인지는 인용글 안에서 설명되고 있지 않다. 다만 『수신기』의 기록은 맥적이란 음식이 비한족계의 음식이란 것을 넓은 범위 안에서 나타내주면서 당시 상류층에서 맥적을 비롯한 비한족계 음식문화가 크게 유행했다는 점을 알려주고 있다. 인용글 ①과 마찬가지로 맥적이란 음식이 어떠한 음식이며 무엇으로 만들었는지에 관한 정보는 알 수 없다.

인용글 ③의 경우 직접적으로 맥적이 어떠한 것이라는 내용을 알려주지는 않지만 맥적의 부피나 유행의 정도를 알려주는 사료이다. 이것은 본래 서진(西晉)의 장창(張敞)이 기록한 문헌인 『동궁구사東宮舊事』에 수록된 내용인데, 송나라 때의 『태평어람太平御覽』의 「기물부器物部」에 발췌되어 실렸다. 이러한 『동궁구사』에 따르면 맥적에 관련된 소반과 그릇[194]이 왕실에서 태자비를 맞아들일 때(納妃) 쓰는 물품 목록에 들어 있었다고 한다. 왕실에서의 소비되는 물품은 일반적으로 가장 귀한 것으로 여겨진다. 그런데 당시 비한족계 음식인 맥적과 그에 따른 물품이 진의 왕실, 그것도 납비(納妃)와 같은 가례 절차에서 사용되었다는 것은 맥적과 그 물품이 단순

개작하지 않고 들은 그대로 충실히 기록했기 때문에 『隋書』(卷33 「經籍志」第28)의 기록에 『수신기』 등의 지괴류 문헌이 역사서로 나타났다(장정해, 「내 마음 속의 전설처럼 - 간보의 〈수신기〉」, 『동양의 고전을 읽는다』 2, 휴머니스트, 2006 ; 魏绪坤, 「朝鮮古代志怪小說≪搜神記≫的借鑒和發展」, 연변대학교 석사학위논문, 2012, 3~6쪽).

194 炙函에서 함의 의미 가운데 '나무로 짠 궤'가 있는데, 이때의 궤(櫃)는 '나무로 네모나게 만든 그릇'이란 뜻이다. 적함이 칠목기(漆木器)라는 내용이 원문에 있으므로 함을 그릇이라고 볼 수 있다.

한 유행을 넘어 왕실을 비롯한 고위 귀족층에게 중요한 생활·문화적 풍조로까지 이어졌다는 것을 의미하는 것이다. 한편, 맥적을 접빈객들에게 내어올 때 사용한 그릇이 "대함(大函)"이었다는 것에서 맥적이 한입 크기의 작은 고기가 꿰어진 음식이 아니라 그 크기와 부피가 상당했다는 것을 알 수 있다.

2. 한대漢代부터 위진시대의 맥적 요리법

일반적으로 '적(炙)'은 고기를 절단하여 나무 막대에 꿰어 불에 굽는 음식이다.[195] 현재의 '꼬치구이' 형태의 적은 이른 시기부터 중국에서 가장 좋은 음식 중 하나로 여겨졌는데, 상대(商代) 주왕(紂王)은 향락을 추구하기 위해 "궁중에 9개의 시장을 설치하고 수레로 술을 옮기며, 말로 고기를 운반했다(⋯宮中九市, 車行酒, 馬行炙)."고 할 정도였다.[196] 또한 적은 육식자(肉食者), 즉 후한 봉급을 받는 높은 벼슬아치 및 사대부의 연향에서 술과 함께 먹는 음식으로 일반 백성들에게는 영역 밖의 음식이었다.[197]

이러한 적 가운데서 '맥적'이라 명명된 음식은 '적'의 특징인 고기를 나무막대에 꿰어 불에 굽는 방법을 취한 음식이었지만 중국

---

195 敖桂华, 「"炙"漫谈」, 『井冈山师范学院学报』22, 井冈山师范学院, 2001 ; 张凤, 「汉代的炙与炙炉」, 『四川文物』2011-2, 四川省文物局, 2011, 58~60쪽.

196 『太平御覽』卷83, 「皇王部」第8 帝紂 ; 王學泰, 『中國飲食文化簡史』, 中華書局, 2010, 20쪽.

197 "因此食炙必饮酒, 酒与炙往往相伴.⋯ 古籍中随处可见. 故后代的炙多为肉食者及士大夫所独享, 庶民黔首往往是无由得以染指的(敖桂华, 위의 글)."

식 적과는 달리 잘게 잘라 굽는 형태가 아닌, 인용글①에서 나타나듯 전체를 굽는 방식으로 만들어졌다. 중국에서 적을 만들 때 잘게 자르는 까닭은 단옥재(段玉裁)가 인용한 후한시기 정현의 「전箋」에 의하면[198] 육질을 연하게 만들기 위해서였다고 한다. 맥적은 이러한 방법을 취하지 않고 통째로 구웠다. 이렇게 구워서 먹는 방법은 『석명』에 기록된 다른 적법과도 대비되는 매우 독특한 방법으로 맥적만의 특별함이라 할 수 있다.

한편, 『의례儀禮』에는 적의 또 다른 특징적 방식이 있음을 기록했다. "범적무장(凡炙無醬)"[199]이라 설명된 이러한 방식은 꼬치에 꿰어 불에 굽기 전에 미리 고기에 양념을 해 놓는 것이다. 즉, 적이란 조미된 고기를 꼬치에 꿰어 굽는 음식으로써 고기를 찍어먹는 장이 따로 필요치 않다는 점을 알 수 있다. 맥적 또한 적의 일종으로 이러한 방식을 취했으리라 생각된다. 종합하면 후한대의 맥적은 조미된 고기를 자르지 않고 통째로 나무 막대기에 꿰어 굽는 통구이 음식이라 할 수 있다. 자르지 않는 만큼 그 크기나 부피는 다른 적들에 비해 매우 컸을 것이다.

인용글②에 기록된 맥적도 시기상 차이는 있으나 중국 사회에 크게 유행한 비한족계 음식으로서 아마도 후한대의 맥적과 유사한 방식으로 구운 미리 조미된 꼬치구이 형태의 음식이라고 짐작된다. 다만 그 크기의 변화 유무가 문제이다. 통째로 굽는 음식은 타기도 쉬울 뿐 아니라 전체를 고루 익히는 것도 부피가 작은 음식에

---

198 "箋云. 凡治兔之首宜. 鮮者毛炮之. 柔者炙之. 乾者燔之. 此申毛意也(段玉裁, 「炙部」炙, 『說文解字注』, 상해고적출판사, 1981, 505쪽)."
199 『儀禮』卷9, 「公食大夫禮」第9, "凡炙無醬."

비해 어렵다. 특히 양념을 바른 통구이는 자칫 잘못하면 양념이 고기가 고루 익기 전에 불에 타기 때문에 맛을 좋게 하기가 더욱 어렵다. 이러한 점에서 이성우는 맥적이 후한대에는 양념 통구이 음식이었지만 위진시대에는 전체를 미리 조미하기 어렵기 때문에 통구이 형태가 아닌 오늘날 불고기처럼 조미한 형태로 맥적이 변했을 것이라고 추정하고 있다.[200] 하지만 인용글③에서 서진시대에 맥적을 담는 그릇을 "대함(大函)"이라고 묘사한 것으로 보아 맥적은 부피나 크기가 큰 음식으로서 여전히 통구이 형태를 취했을 가능성이 상당히 있음을 시사하고 있다.

3. 남북조시대 적돈법炙豚法과 맥적의 관련성

남북조시대에는 '맥적'이란 용어가 잘 나타나지 않는다. 사실, 위진시대 이후 맥적에 관련된 새로운 기록은 여상하게 찾아보기 어렵다고 볼 수 있는데, 『진서晉書』[201] 및 『송서』의 내용이나 당대의 『북당서초』, 『통전』, 송대의 『태평어람』 등의 기록 또한 모두 위진시대 『수신기』 등의 내용을 발췌하거나 재인용하는 형편이기 때문이다. 맥적에 관한 명칭이 등장하는 문헌이 위진시대 이후 점차 사라지는 경향을 보이고 있는 상황에서 맥적과 관련 있다고 볼 수 있는 음

---

200 이성우, 앞의 책, 1992, 214쪽.
201 『晉書』卷27, 「志」第17, "泰始之後, 中國相尙用胡床貊盤, 及爲羌煮貊炙, 貴人富室, 必留其器, 吉享嘉會, 皆以爲先."

식과 요리법이 기술된 문헌은『제민요술』[202]이며 그 안에 기록된 '적돈법(炙豚法)'이라 할 수 있다.

『제민요술』에 나타난 적법은 소 · 양 · 돼지 · 오리 · 사슴 · 낙타 · 물고기 등 다양한 재료를 사용하여 만들지만 육류를 분절하거나 다지기, 또는 특정한 부위만을 사용하여 만드는 것이 대부분이다. 그러나 적돈법만이 다른 요리법과 다르게 전체를 굽는 방법을 취하고 있는데 아직 젖을 떼지 않은 통통한 돼지나 암소를 통으로 굽는다고 한다. 다 구운 후 이것을 입에 넣기만 하면 곧 녹는 것이 마치 눈이나 얼음을 먹는 것 같으며 즙에 기름기가 많아 일반 돼지고기와 맛이 확연히 다르다고 기록되었다.[203] 이러한 요리법은 앞

---

202 『齊民要術』은 6세기 北魏의 高陽太守 賈思勰이 지은 현존하는 최고의 농서이자 요리서이다. 당시는 선비족을 비롯한 다수의 북방민족들이 남하하여 胡漢의 문화적 융합이 이뤄졌던 시기였으므로『제민요술』또한 호한문화의 공존을 바탕으로 저술되었다. 이 책은 北魏가 독자적으로 만든 것이기보다는 주변의 민족들과 함께 창조한 농서라고 평가할 수 있는데 '호한 음식문화의 융합'이란 측면에서는 더욱 그렇다(최덕경, 「《제민요술》에 보이는 動植物의 배양과 胡漢 農業文化의 融合」,『중국사연구』62집, 중국사학회, 2009, 23~24쪽).

203 아직 젖을 떼지 않은 아주 통통한 돼지를 굽는 것이지만 불깐돼지(豶)나 암소(牸)라도 모두 쓸 수 있다. 튀겨서 털을 뽑을 때는 삶을 때의 방법(煮法)처럼 문질러 씻고 비비고 깎아서 아주 깨끗하게 만든다. 배를 조금 갈라서 오장을 제거하고 또 깨끗이 씻는다. 향풀 따위를 배에 넣어 채운다. 상수리 나무로 돼지를 꿰어서 약한 불에 돌려가면서 굽는데 구울 때 멈추지 말고 빨리 돌려야 한다. 돌릴 때 계속하여 골고루 돌리는 것은 그렇지 않을 때에 한쪽만 타기 때문이다. 청주를 여러 차례 발라서 색을 낸다. 색이 충분히 나면 중지한다. 신선하고 아주 깨끗한 돼지기름을 취하여 쉬지 않고 발라주는데, 신선한 기름이 없으면 아주 깨끗한 麻油를 발라도 된다. 호박과 같은 색이 나거나 순금과 같은 색이 난다. 입에 넣기만 하면 곧 녹는 것이 마치 눈이나 얼음을 먹는 것과 같으며 즙에 기름기가 많아 일반 돼지고기와 맛이 확연히 다르다(『齊民要術』卷9,「炙法」, "用乳下豚極肥者, 豶牸俱得. 燖治一如煮, 揩洗 刮削, 令極淨. 小開腹, 去五

서 밝혔듯이 일반적인 중국식 적의 요리와는 확연히 구별되는 방식이다.

음식문화는 지극히 강고한 보수성을 특징으로 하는 것인데[204] 음식문화를 향유하는 민족의 생활터전이 완전히 바뀌거나 종교적 대사건이 벌어지거나 시대적 담론 등의 대전환이 있기 전에는 쉽게 변화하지 않는다. 음식의 명칭이나 새롭게 유입되어 첨가되는 양념 등의 변화는 있을 수 있어도 기본적 음식모양과 요리 방법은 '음식의 근간'으로서 유지된다고 할 수 있다. 그렇기 때문에 '양념을 한 고기를 나무에 꿰어서 불에 직접 굽는 통구이'라는 음식 요리 방법은 비한족계 음식으로서의 후한시대 및 위진시대 맥적과 남북조시대의 적돈법이 매우 유사하다는 것을 알려준다.

그런데 요리법이 유사한 두 음식의 명칭이 달라진 까닭은 무엇일까? 맥적을 연구한 강유공은 맥적과 적돈법의 상관관계를 설명하면서 적돈법에 호나 맥과 같은 이종족을 뜻하는 글자가 들어가지 않은 까닭을 가사협이 살았던 시절이 '남북조시대'라는 것을 들고 있다. 남북조시대는 비한족계 종족들이 각각의 나라를 세웠다. 이렇게 나라를 세운 군주가 비한족계 민족을 지칭하는 호(胡) · 맥(貊) · 이(夷) 등의 문자를 사용하는데 민감했기 때문에 피휘(避諱)할 수밖에 없었을 것이라 추측했다.[205] 이런 주장은 명칭의 변화에

藏, 又淨洗. 以茅茹腹令滿, 柞木穿, 緩火遙炙, 急轉勿住. 轉常使周匝, 不匝則偏焦也. 淸酒數塗以發色. 色足便止. 取新猪膏極白淨者, 塗拭勿住. 若無新猪膏, 淨麻油亦得. 色同琥珀, 又類眞金. 入口則消一 狀若凌雪, 含漿膏潤, 特異凡常也.";구자옥 외 역, 『역주 제민요술』, 농업진흥청, 2006, 651쪽).

204 김상보, 앞의 책, 93쪽.
205 강유공, 앞의 글, 235~235쪽.

관해 주목할 내용이라고 생각되는데 당시 호두(胡豆) 등과 같은 명
칭이 국두(國豆)로 바뀌기도 하는 모습이 보이기 때문이다.[206] 따라
서 후한대나 위진시대의 맥적이 시대적 상황, 즉 5호 16국 시대를
거쳐 북위로 통일되는 시대에 이르기까지 당대 집권층의 의지에
따른 피휘로 인해 '이종족의 것'임을 알려주는 음식명이 음식에 자
체에 대한 설명인 '적돈(炙豚)'으로 개칭되었을 가능성을 충분히 생
각해볼 수 있을 것이다.

　한편, 맥적의 재료로 당시 주요한 가축인 양·소·돼지, 말 등이
모두 활용되었을 가능성이 있다. 맥적의 재료라고 명확히 기록된
바가 없기 때문에 여러 가축들이 맥적의 재료로 활용되었을 수 있
지만 말과 소보다는 양과 돼지가 주로 쓰였을 것이라고 추정된다.
그 이유는 말과 소가 역축(役畜)으로써 양과 돼지보다 쓰임새가 많
았고 국가적으로 중요도가 높았기 때문인데 양도 그렇지만 특히
돼지의 경우, 이러한 점에서 소나 말보다 활용도가 떨어지며 고기
의 양 등에서 식육재료로서 특화되어 있었다. 그러므로 양과 돼지
가 맥적의 주재료로 사용되었을 가능성이 다른 가축보다 높다.

　하지만 앞서 맥적에 관한 선행연구자로 밝힌 바 있는 왕인상이나
강유공, 이근반[207] 등은 모두 맥적이 돼지로 만든 음식이라고 주장
한다. 특히, 왕인상[208]과 강유공은 맥적을 서북계 종족의 것으로, 이

206 『藝文類聚』卷85, 「百穀部」豆 條, "鄴中記曰石勒諱胡, 胡物皆改名, 胡餅曰麻餅,
　　胡綏曰香綏, 胡豆曰國豆."
207 李根蟠, 앞의 글, 31쪽.
208 왕인상은 맥적의 재료에 대해 양과 돼지가 모두 가능성이 있다고 보았다(왕인
　　상, 앞의 글, 2008, 212쪽, "貊炙按《釋名·釋飲食》的記述是烤全羊和全猪之类").

근반은 동북계 종족의 것으로 상반되게 보고 있지만 맥적의 재료에 관해서는 동일하게 돼지로 만들었다고 한다. 그 이유 가운데 하나로 청대(淸代) 왕선겸(王先謙)이『석명소증보』에서 맥적을 돼지구이라고 주해한[209] 내용을 들고 있다. 그러나 왕선겸은 그 이유를 밝히지 않은 채, 그저 맥적을 구운 돼지고기라고 주장했기 때문에 이러한 그의 주장만으로 맥적의 재료를 돼지로 규정지을 수는 없다.

중국학자들이 맥적을 돼지구이로 보는 또 다른 근거는『제민요술』에 나타난 '적돈법'이다. 앞서 밝힌대로 적돈법은 양념 통구이 형태를 취하고 있는 음식 요리법이다. 돼지 외에도 소 등으로 만들지만 주재료는 음식명과 같이 돼지인 이 요리법 때문에 주로 맥적과 적돈법과의 상관관계에 주목한 학자들이 맥적 또한 돼지로 만든다고 주장한다. 확실히 맥적과 적돈법과의 유사성을 고려한다면 맥적의 주재료가 돼지, 특히 어린 돼지라고 볼 수도 있다.

이와 같은 논지에서 앞서 인용한 ①, ②, ③의 내용을 종합해 볼 때 후한대 통구이 음식인 맥적은 위진시대에도 일반적인 적보다 큰 부피의 음식이었으며, 남북조시대에도 육류를 통째로 굽는 요리법으로 만들어졌을 가능성을 생각해 볼 수 있다. 특히 남북조시대의 통구이 음식을 만드는 '적돈법'은 소로도 만들 수 있지만 주로 돼지로 만드는 음식 요리법이다. 이를 통해 맥적은 비록 명칭이 적돈법으로 바뀌게 되었지만 음식만은 시대별로 동일하게 큰 부피의 음식, 즉 통구이 음식으로 전해졌다는 점과 그것을 주로 돼지로 만들었을 가능성이 크다고 생각된다.

---

209 『釋名疏證補』卷4,「釋飲食」第13 貊炙, "先謙日, 即今之燒豬."

Ⅳ. 맥적의 '맥貊'

1. 호맥과 적

맥적에 대해 가장 이른 시기에 기록한『석명』에서는 맥적이 호맥(胡貊)에서 비롯되었다고 하였다. 일반적으로 호맥은 '호맥'으로 붙여 읽을 수도 있고, '호'와 '맥'으로 나눠볼 수 있는데, 전자라면 호맥은 흉노 또는 흉노를 위시한 동호, 맥족 등의 북방의 여러 종족을 통칭하는 것으로 볼 수 있고[210] 후자라면 '호'는 흉노, '맥'은 맥족으로 해석할 수 있다. 결국 어떻게 해석해도 흉노와 맥족이 포함된 북방종족이라고 해석되는데 이에 따르면 맥적은 비한족계 음식으로서 한족이 아닌 북방계 종족이 보편적으로 향유하는 음식문화임을 기록한 것이라고 이해할 수 있다.

한편, 위진시대에는 맥적이 '적(翟·狄)'의 음식이라고 알려졌다. '적'은 일반적으로 북방계 종족을 의미하기 때문에[211] 같은 북방종족을 의미하는 맥과 적이 서로 다른 의미의 민족개념을 나타낸다고는 보기 어려우며 한족과 비교되는 '이종족'으로서의 북방종족을 의미하는 호맥과도 크게 다른 내용을 담고 있지 않다. 즉, 적은 특

---

210 王建新 · 刘瑞俊,「先秦时期的秽人与貊人」,『民族研究』2001-4, 西北大学文博学院, 2001, 58~59 · 61쪽.

211 "这支黃帝族人世代居住在北方, 被中原王朝称北狄 意思也就是居住在北方的翟人, … 通'狄'. 周代北方地區民族名…翟, 狄人, 字传多假翟为之(翟毅宁,「释"翟」,『魅力中国』17, 魅力中国杂志编辑部, 2010, 235쪽)."

정한 종족으로서의 적족을 의미하는 것이 아닌 보편적 의미의 '이종족'을 의미한다고도 볼 수 있는 것이다.[212]

이렇게 보자면 호맥이나 적이 모두 이맥(夷貊), 만맥(蠻貊), 융적(戎狄) 등과 같은 비한족계 종족의 총칭과 같은 의미라고 할 수 있다. 이를 뒷받침하는 문헌이 『북당서초』[213]인데, 여기에는 『수신기』의 내용을 인용하면서도 '적(翟)'이 '융적'으로 기록되어 있었다. 이것은 맥적의 종족적 연원을 담았다고 생각된 호맥이나 적 등의 명칭이 구체적 구분을 통한 종족적 명칭이나 그 범주를 의미하는 것이 아니라 한족과 대비되는 '이종족'으로서의 의미로 사용되었을 가능성을 의미하는 것이다. 이렇게 볼 때, 맥적은 큰 틀에서 북방종족의 음식문화라고도 이해할 수 있을 것이다.

2. 맥과 고구려

문헌에 기록된 '호맥'이나 '적' 외에도 맥적이란 음식명에서 나타나는 '맥(貉·貊)'은 맥적이 어떤 음식이고 어느 민족에게서 비롯되었는지에 대한 정보를 내포하고 있다고 생각된다. 이러한 맥에 대해서 『강희자전康熙字典』[214]은 크게 네 가지 용례를 설명하고 있는데

---

212 한문학자도 『수신기』의 적(翟)을 특정한 민족이 아닌 비한족계 민족으로서의
　　이적(夷翟·狄)으로 해석한다(임동석 옮김, 『수신기』, 동문선, 1998).

213 『北堂書鈔』卷145, 「酒食部」第4, "搜神記云, 羌煮貊炙, 戎狄之食, 自太始以來內
　　國尚之."

214 『康熙字典』, 「豸部」貉, "《集韻》《韻會》《正韻》丛曷各切, 音鶴. 本作貈. 《正字通》
　　貉似貍, 銳頭, 尖鼻斑色, 毛深厚溫滑, 可爲裘. 《墨客揮犀》貉狀似兔, 性嗜紙, 人

본래 북방의 어떤 동물 및 제례와 관련되어 사용되거나 비한족계 종족에 대한 총칭 또는 중국의 동북방의 특정 종족 집단에 대한 명칭으로 쓰여졌다는 것을 알 수 있다. 다시 말하면, 맥이란 글자 자체는 (동)북방과 관련하여 어느 종족 또는 종족 집단을 총칭하는 의미와 관련이 깊은 것으로 맥적에서의 맥은 맥적이 (동)북방의 종족으로서의 '맥'에서 비롯된 음식이라는 것을 의미한다.

맥과 관련된 명칭은 호맥, 한맥(馯貊)²¹⁵, 예맥(濊貊) 등이 있는데

或擊之, 行數十步, 輒睡, 以物擊竹警之, 乃起, 旣行復睡.《詩·豳風》一之日于貉.《箋》往搏貉, 以自爲裘也.《周禮·冬官考工記》貉踰汶則死.《淮南子·修務訓》獲貉爲曲穴. 又蟲名.《爾雅·釋蟲》國貉蟲蠁.《註》今呼蛹蟲. 又《廣韻》下各切, 音涸. 義同. 又《唐韻》《集韻》《韻會》丛莫白切, 音陌.《說文》北方豸種.《五經文字》貉, 經典相承作蠻貊.《周禮·夏官·職方氏》四夷八蠻七閩九貉. 又《秋官·貉隸註》征東北夷所獲, 選以爲役員.《公羊傳·宣十五年》寡乎什一, 大貉小貉也.《孟子》子之道, 貉道也.《註》貉, 在荒服者也. 貉之稅二十而取一. 又《爾雅·釋詁》貉, 縮綸也.《註》綸, 繩也. 謂牽縛縮貉之. 又《集韻》末各切, 音莫.《爾雅·釋詁》靜也. 又《集韻》《正韻》丛莫駕切. 同禡.《周禮·春官·肆師》凡四時之田獵, 祭表貉則爲位.《註》貉, 師祭也.《爾雅·釋天》是禷是禡.《疏》禡,《周禮》作貉. 貉又爲貊字, 古今之異也."；『康熙字典』, 「豸部」, 貊, "《廣韻》《集韻》《韻會》《正韻》丛莫白切, 音陌. 本作貉. 或作貊.《書·武成》華夏蠻貊.《詩·大雅》其追其貊.《傳》追、貊, 國名. 又《詩·大雅》貊其德音.《傳》靜也.《箋》德政應和曰貊. 又獸名.《後漢·西南夷傳》哀牢夷, 出貊獸.《註》《南中八郡志》曰, 貊大如驢, 狀頗似熊, 多力, 食鐵, 所觸無不拉.《廣志》曰, 貊色蒼白, 其皮溫煖. 又《韻補》叶末各切.《張載·七命》華裔之冕, 流荒之貊. 語不傳于轓軒, 地不被乎正朔."

215 맥족에 관한 이해와 명칭은 다양하다.『尙書』의「周書」에 "(주의) 성왕이 동이를 정벌하니 숙신의 사신이 와서 축하하였다(『尙書注疏』卷17, "成王卽伐東夷, 肅愼來賀").'라는 내용의 주해에는 "해동의 여러 이민족인 구려·부여·한맥(馯貊)의 족속들이 무왕이 상(商)을 이기자 모두 길을 통하게 되었는데 성왕이 왕위에 오르자 회수지방의 동이들이 반란을 일으켰으므로 성왕이 이를 정벌했기에 숙신이 와서 축하한 것이다(위의 책, "海東諸夷, 駒麗, 夫餘, 馯貊之屬. 武王克商, 皆通道焉 成王卽政而叛, 王伐而服之, 故肅愼氏來賀").'라고 기록되었다.

앞서 살펴본 대로 호맥의 경우 흉노 또는 흉노를 비롯한 예맥 등의 북방 여러 민족을 함께 칭하는 의미로 사용되기도 하므로 맥족과 전혀 관련이 없다고 할 수는 없다. 한맥과 예맥은 모두 맥족 가운데 하나로 우리 민족과 관련 있는 민족이라고 평가된다.

특히, 예맥은 『한서漢書』에서 고구려와 맥, 예맥이 동의어로 사용되었다. 한대에 고구려를 예맥 또는 맥인이라 칭했는데 그 내용은 아래와 같다.

왕망은 고구려기병을 선발하여 흉노를 정벌하려 했으나 따르지 않았다. 군에서 강제로 하려하자 모두 도망하여 변방으로 갔기 때문에 법을 범하고 도적이 되었다. 요서대윤 전담이 추격하러 갔다가 잡혀 죽었다. 주군이 돌아와 고구려후 추를 탓하자 엄우가 상주하여 말하길 맥인이 법을 어긴 것은 추가 따르지 않았기 때문이며 마땅히 다른 뜻이 있는 듯하니 주와 군에 명하여 이들을 달래는 편이 나을 듯합니다. 지금 대죄를 지은 것이 두려워 반란을 일으켜 부여의 족속과 반드시 연합할 것으로 흉노를 아직 이기지 못했으니 부여와 예맥이 다시 일어난다면 큰 걱정거리가 된다고 아뢰었다. 왕망이 이를 무시하자 드디어 예맥이 배반하고 나섰다.[216]

이어 공자가 '貉'은 '貊'이라 하였고 정현은 "고구려・부여・한(韓)은 있지만 '한(駻)'은 없으니 駻은 곧 피한(彼韓)이며 음은 같고 글자는 다르다(앞의 책, "鄭玄云, 北方曰, 貉又云東北夷也. 漢書有高句驪夫餘韓無此駻. 駻卽彼韓也音同而字異")."고 해설하였다. 신용하는 이러한 기록에서 보이는 한맥에 관해 고조선이란 해석을 내린 바 있다(신용하, 「고조선의 기마문화와 농경・유목의 복합구성」, 『고조선단군학』26호, 고조선단군학회, 2012, 167~168쪽).
216 『漢書』卷99中, 「王莽傳」第69中, "先是, 莽發高句驪兵, 當伐胡, 不欲行, 郡强迫

이러한 인용글에서 알 수 있는 내용 가운데 중요한 점은 한대에 고구려를 특히, 예맥 가운데서 '맥(인)'이라 칭한 것이다.『한서』뿐만 아니라『후한서』또한 고구려에 대해 "고구려는 일명 맥이라 부른다. 별종이 있는데 소수에 의지하여 사는 까닭에 이를 소수맥이라고 부른다. 좋은 활이 생산되니 맥궁이 그것이다."[217]라고 하여 고구려는 맥족이며 소수(小水) 방면에 접한 고구려족인 소수맥도 있음을 기록하고 있다. 또한『후한서』「광무제기光武帝紀」의 내용을 다음과 같이 기록하였다.

　　건무(建武) 25년 춘정월(서기 49년) 요동 변새(邊塞)바깥의 맥인이 우북평(右北平)·어양(漁陽)·상곡(上谷)·태원(太原)을 노략하였다. 요동태수 제융이 이를 불러 항복시켰다.[218]

　이러한 내용에 "貊人, 穢貊國人也. 貊音陌."란 주해가 달렸다. 즉, 요동 맥인 중에서 맥인을 예맥국 사람이라고 설명한 것이다. 맥인이 고구려인이라는 점은 이미『한서』의 내용에서 명기하였다. 고구려인은 맥인이며 맥인은 예맥국이라는 논리에서 고구려인은 예

之, 皆亡出塞, 因犯法爲寇. 遼西大尹田譚追擊之, 爲所殺. 州郡歸咎於高句驪侯
騶. 嚴尤奏言, 貉人犯法, 不從騶起, 正有它心, 宜令州郡且慰安之. 今猥被以大
罪, 恐其遂畔, 夫餘之屬必有和者. 匈奴未克, 夫餘, 穢貉復起, 此大憂也. 莽不尉
安, 穢貉遂反, 詔尤擊之. 尤誘高句驪侯騶至而斬焉, 傳首長安."
217『後漢書』卷85,「東夷列傳」第75 高句驪傳, "句驪一名貊(耳) 有別種依小水爲居因
　　名曰小水貊. 出好弓所謂貊弓是也."
218『後漢書』卷1下,「光武帝紀」第1下, "遼東徼外貊人寇右北平, 漁陽, 上谷, 太原, 遼
　　東太守祭肜招降之."

맥국 사람이라고 볼 수 있는 것이다. 이것은 『삼국지』「동이전東夷傳」에서 예인(濊人)들이 스스로를 "고구려와 같은 종족"[219]이라고 하는 내용도 주목할 필요가 있다. 이러한 문헌자료를 종합하면 한대에 예맥은 고구려(계)를 지칭하고 있음을 알 수 있는 것이다.

그렇다면 이러한 예맥은 언제부터 고구려라는 이름으로 통칭되었을까? 아마도 3세기 무렵으로 추정된다. 『삼국지』가 기록된 위·촉·오 삼국시대에는 상황이 변했다. 이때는 이미 고구려의 국가기반이 확립되고 국세를 떨치기 시작할 때로써 고구려라는 국호가 보다 중요성을 갖고 있었고 중국에서도 예맥·맥인 등이 아니라 '고구려'란 국호를 일반적으로 사용하게 되었다.[220] 실제로 삼국시대 이후 맥(貊)과 관련된 민족의 명칭은 사라지는 경향을 보였다. 맥과 관련된 용어의 쓰임은 주로 만맥(蠻貊)·이맥(夷貊)·융맥(戎貊)과 같이 보편적 의미의 '비한족계 종족' 또는 선진시대부터 한대의 문헌들에 쓰인 내용을 재인용하는 것이었다.

그럼에도 불구하고 여전히 중국 사가들은 고구려를 맥족으로 인식하였다. 비록 예맥이나 호맥 등의 명칭을 사용하지는 않으나 『남제서南齊書』[221], 『책부원구冊府元龜』[222] 『당문습유唐文拾遺』[223] 등에 기록

---

219 『三國志』卷30, 「魏書 東夷傳」第30 濊傳, "其耆老舊自謂與句麗同種."

220 윤무병, 앞의 글, 24~25쪽.

221 『南齊書』卷58 「列傳」第39 高(句)麗國傳, "魏는 여러 나라의 사신 관저를 두었는데, 齊나라 사신의 관저를 제일 큰 규모로 하고 고[구]려는 그 다음으로 하였다. 永明 7년(489, 高句麗 長壽王 77)에 平南參軍 顏幼明과 冗從僕射 劉思斅가 魏에 사신으로 갔더니, 이민족의 元會에서 고[구]려의 사신과 나란히 앉게 하였다. 이에 幼明이 僞朝(北魏)의 主客郎 裴叔令에게 말하기를, 우리들은 중국 임금의 명을 받들고 경의 나라에 왔소. 우리나라와 겨룰 수 있는 나라는 오직 魏가 있을 뿐이오. 다른 외방의 이민족은 우리 騎馬가 일으키는 먼지조차 볼

된 '맥'은 여전히 고구려를 의미하였다. 우리나라에서도 후대의 기록이지만『동사강목東史綱目』[224],『해동역사海東繹史』[225] 등에서 중국 문헌 분석을 통해 맥족 및 맥국을 우리 민족계로 인식하였다. 따라서

수 없소. 하물며 東夷의 조그마한 貊國은 우리 조정을 신하로서 섬기고 있는데, 오늘 감히 우리와 나란히 서게 할 수 있소(虜置諸國使邸齊使第一高麗次之. 永明七年平南參軍顏幼明・冗從僕射劉思斅使虜. 虜元會與高麗使相次. 幼明謂僞主客郞裴叔令曰我等銜命上華來造卿國. 所爲抗敵在乎一魏. 自餘外夷理不得望我鑣塵. 況東夷小貊臣屬朝廷今日乃敢與我躡踵)."

222 『册府元龜』卷956,「外臣部」第1 種族 條, "수맥, 고구려의 별종으로 소수에 거처하는 까닭에 이름 지어졌다(水貊, 句驪別種依小水爲居因名)." ; 『册府元龜』卷957,「外臣部」第2 國邑 條, "고구려, 요동 서안평현 북쪽으로 흘러 들어가는 복수에 나라를 세워 머물기 때문에 이름을 복수맥이라 하였다(句麗, 在遼東郡西安平縣北, 依卜水爲居, 因名曰卜水貊)."

223 『唐文拾遺』卷44,「崔致遠」第11 有唐新羅國故知異山雙谿寺敎諡眞鑑禪師碑銘, "선사법□(휘) 혜소, 속명 최씨이며, 그 선조는 한족으로 산동의 높은 관료였다. 수나라가 요동을 칠 때, 고구려(驪貊)에서 많이 죽자, 뜻을 굽혀 그곳 백성이 된 자가 많았는데, 당에 이르러 한사군 지역을 점령하니 지금 전주 금마 사람이 되었다(禪師法□[諱]慧昭俗姓崔氏. 其先漢族冠蓋山東. 隋師□[征]遼多沒驪貊, 有降志而爲遐甿者. 爰及聖唐, 囊括四郡, 今爲全州金馬人也)."

224 『東史綱目 附錄』下,「貊考」, "…여기의 맥은 다 고구려를 가리킨 것이다. 아마 옛날 맥이 요지(遼地)에 있고 고구려가 요계(遼界)에서 일어났기 때문에 그 설이 이와 같은 것이리라. 일찍이 스승에게 들으니, 맥은 연(燕)과 접경했다고 한다. …《문헌통고》발해전(渤海傳)에, 예・맥의 옛날 땅으로 동경(東京) 용원부(龍原府)를 삼았는데, 지금《성경지》를 상고하면 봉황성(鳳凰城)이 곧 대씨(大氏) 용원부이니, 그렇다면 고구려가 아직 일어나기 전에는 요지에 예・맥의 점령지였음을 의심할 수 없다. 대개 후에 여러 나라가 서로 난을 일으키고 부락이 흩어져 끝내는 지금의 강원도에 귀속되고 영영 없어진 것이다(…皆指高句麗也. 盖古者 貊居遼地. 句麗初興扵遼界. 故其說如此也. 嘗聞之師云. 貊與燕接境者.…文獻通考渤海傳. 以濊貊故地. 爲東京龍原府今考盛京志. 鳳凰城卽大氏龍原府. 然則句麗未興之前. 遼地之爲濊貊. 所據信矣. 盖後來諸國交亂. 部落離析. 末歸于今江原道而亾矣)."

문헌상으로 한대의 맥은 고구려계를 지칭한다고 볼 수 있고 그 이후로도 맥은 비한족계의 총칭으로 사용되는 경우를 제외하곤 대체로 고구려(계)를 의미했다고도 할 수 있다.

현대 중국학자들도 예맥족의 기원과 지리적 위치, 고구려 및 부여와의 관계성 등의 연구를 통해 민족적 실체 및 그 문화를 추적할 때 맥과 고구려와의 관련성을 주목하고 있다. 먼저, 그들은 (예)맥족의 기원과 지리적 위치에 대해 크게 토착설(만주지역 및 한반도), 이동설(내륙지역, 발해연안), '예=토착, 맥=이동 설'로 나눠 살펴보고 있다.[226] 한편, 3분된 학설과 달리 예맥족을 하나의 거대한 종족집단으로 보아 제(齊)·노(魯)·북연(燕北)·진(晋, 서부)·陝(협서)지역에 이르는, 중국 북방에서 요동·산동 및 한반도에 걸쳐 광범위하게 분포하고 있음을 주장하는 학자도 있다.[227] 이들 연구는 맥족의 기원에 대해 여러 가지 시각으로 보지만 이들은 결국 맥족의 생

---

225 『海東繹史 續集』卷2, 「地理考」第2 貊 條, "맥은 본디 중국의 동북쪽 오랑캐인데, 후대에 우리나라로 옮겨와 지금의 대관령(大關嶺) 서쪽 지역에 거처하였다. 그들이 도읍한 곳을 우수주(牛首州)라고 하는데, 바로 지금의 춘천부(春川府)이다.…대개 맥은 본디 북적(北狄)의 종족인데 후세에 점차 동쪽으로 옮겨와서 진한(秦漢) 시대에는 이미 우리나라의 강역 안에 자리 잡았다. 그러므로 《사기》에서는 조선과 예(薉)와 나란히 칭한 것이다.… 압록강의 서쪽에 또 한 종류의 맥이 있는데, 이것은 바로 고구려의 다른 종족이지, 춘천에 있었던 맥은 아니다(貊本中國之東北夷. 後世遷于我邦. 處扵今大關嶺之西. 其所都曰牛首州. 卽今春川府也.… 盖貊本北狄之類. 而後世稍稍東遷. 秦漢之際, 已處我邦域內. 故史記竝稱於朝鮮薉也.…鴨水之西. 又有一種貊. 此卽句麗別種. 非春川之貊也)."

226 조우연, 앞의 글, 302~310쪽.

227 文崇一, 「濊貊民族及其文化」, 『中央研究院民族學研究所集刊』, 1958(『中國古文化』, 東大圖書公司, 1990 재수록) : 조우연, 위의 글, 310~311쪽 재인용.

활지역을 요동지역 및 한반도 북부지역이라 보고 이들이 부여 및 고구려, 특히 고구려의 주요 구성원이라고 주장한다.[228]

또한 예맥족 문화 연구에서 손진기(孫進己)는 예족과 맥족의 대표적 문화유적인 서단산문화 유적과 백금보문화 유적에 나타나는 경제와 문화에 대한 단서를 통해 두 종족 모두 농경, 목축, 어렵 등을 병행했다고 하나 맥족의 경제에서 목축과 어렵이 차지하는 비중이 높았다고 한다.[229] 변범(變凡)은 예맥의 문화와 습속 연구를 통해 예맥계 민족의 음식습속 가운데 맥적과 맥반이 중국의 전래되어 즐기게 되었다고 주장하였다.[230] 이처럼 문헌 및 현재 중국 학계에서의 (예)맥족과 그 문화 연구를 통해서도 약간의 이견을 제외하고는 맥족을 고구려계라고 보고 있으며 지역적으로는 현재의 만주지역과 한반도 북부에 분포하고 있다고 주장한다.

이러한 맥족의 생활문화상 모습을 종합한다면, 흉노계 종족과

---

228 부여 및 고구려와 예맥의 연관성에 관한 중국 학계의 몇몇 대표학설을 정리하면 다음과 같다.
　①부여 : 맥적이 예족을 정복(혹은 축출)하고 건국, 혹은 東胡 계열 종족이 예족을 정복하여 건국 / 고구려 : 高夷, 맥족, 예족 및 한족 등 여러 종족들이 복합적으로 성형, 혹은 맥족이 근간이 되어 형성
　②'南貊北濊', 즉 남쪽의 고구려는 맥족이 근간이 되어 형성되었고, 북쪽의 부여는 예족에 의해 건국되었다는 주장
　③부여 및 고구려는 모두 예맥과 관련성 없음, 혹은 부여 및 고구려 둘 중 하나는 예맥과 관련성이 없음
　기타 의견으로 王臻, 金星月은 「高句麗'三貊'說」을 통해 고구려족의 구성과 관련하여 '三貊', 즉 大水貊, 小水貊, 梁貊을 그 핵심세력으로 보았다. 이들 맥인은 고대 맥인에서 갈라져 나온 족속이라 주장했다(조우연, 앞의 글, 317~318쪽).

229 위의 글, 319~320쪽.

230 變凡, 앞의 글, 172쪽.

같이 초원지대에서 유목생활을 하지 않으며 만주의 산림이나 택지, 평원에서 농경과 목축을 겸하는 정착생활을 한 종족이었다. 이들의 가축은 일반적으로 소와 말, 돼지와 양이라고 볼 수 있는데 소와 말은 각각 농경과 군사 및 운반을 하는 데 필요한 역축으로 중시되었으므로 육류를 얻는 데는 돼지와 양을 소나 말보다 더 많이 사용했을 것이다. 다만, 만주는 초원지대와 달리 날씨가 냉대하계고온다우(冷帶夏季高溫多雨)[231]하며 택지가 많아 초원지대보다는 양의 사육이 매우 적었을 것으로 생각된다. 돼지의 경우 만주지역의 읍루, 숙신, 물길 등 여러 종족들이 많이 기른 가축[232]으로 특히,

---

231 손명원, 「중국 둥베이(東北) 평원의 자연환경」, 『학교교육연구』6, 대구대학교 교육연구소, 2010, 70쪽.

232 부여 같은 경우에는 마가 · 우가 · 저가 · 구가 등의 관직명에 저가가 있을 정도로 돼지에 관해 중요한 사회경제 수단으로 생각하고 있었고(『三國志』卷30, 「魏書 東夷傳」第30, "國有君王, 皆以六畜名官, 有馬加 · 牛加 · 豬加 · 狗加…") 고구려는 모포를 돼지털로 짜고, 중요한 국가 제사에 돼지를 잡아 쓰는 등 돼지에 대한 많은 수요와 의미를 갖고 있었다(『三國史記』卷13, 「髙句麗本紀」第1 琉璃王 條, "十九年, 秋八月, 郊豕逸, 王使託利斯卑追之至" ; 『翰苑』, 「蕃夷部」, 高麗 ; 박선희, 앞의 책, 46쪽.).
또한 만주지방에서 발견되는 유적에서 돼지의 뼈가 발굴되는 점이나, 『三國志』·『後漢書』에 '好養豬' 또는 '好養豕'이라는 기록이 있는 점 등으로 미루어 보아 만주의 숙신 · 읍루는 일찍부터 스스로 돼지를 가축으로 사양하는 방법을 터득하였던 것 같다. 특히 만주에서 활동하였던 여러 종족 가운데 오로지 숙신 · 읍루 · 물길 · 말갈 만이 '돼지 기르기를 좋아했다' 또는 '돼지를 많이 길렀다(多畜豬)'라는 기록을 가진 것을 보면 이러한 종족이 동일한 계통의 족속이거나, 혹은 동일한 자연 조건을 가진 지역에서 전후에 각각 살았던 족류라고 생각할 수 있다.
蒙古族이 양을 위주로 유목생활을 한 데 비하여 만주족의 숙신 · 읍루 계통은 돼지를 위주로 생활을 하였다고 할 수 있다. 그러므로 집집마다 돼지를 많이 길러 그 고기를 식용으로 하고, 그 털가죽은 벗겨서 의복이나 모피를 만들었던

전한시대 문헌인 『방언方言』은 만주지역의 돼지에 관해 다음과 같이 기록하고 있다.

돼지는 북쪽 연과 조선의 사이에서 가(豭)라고 불리고, 관동·관서
지역에서는 체(豴) 또는 시(豕)라고 불리며, 남초(南楚)지역에서는 희
(豨), 기자(其子)는 돈(豚), 또는 해(貕)라고 불린다. 오양(吳揚)의 사이
에서는 저(豬)라고 불린다.[233]

따라서 만주지역에 거주하는 민족들과 마찬가지로 동일한 거주
조건을 가진 고구려계 맥족은 흉노계 초원지대 유목종족과는 달리
양보다 돼지를 주요한 식육재로 사용하는 경우가 많았을 것이다.
이렇게 본다면 맥적은 맥족의 육류음식이며, 양이나 돼지 모두 사
용할 수 있지만 돼지를 주재료로 사용하여 만든 양념 통구이음식
이라고 할 수 있다.

것이다.

돼지가 만주사회에서 가장 주된 가축이 된 이유에 대해서는 만주의 자연 환
경과 기후 조건에서 찾지 않으면 안된다고 생각한다. 만주의 송화강 하류, 우
수리강 일대, 흑룡강 일대는 갈대 늪지대로 모기와 파리 등의 독충 때문에
소·말·양 등의 가축을 거의 기를 수 없는 지역이다. 그러나 돼지는 비교적
나쁜 자연조건에 잘 견디므로 일찍부터 돼지를 주된 가축으로 기른 듯하다(국
사편찬위원회, 『晉書』券97, 「東夷列傳」第67 肅愼 條, 중국정사조선전 웹서비
스. 註016편 재인용).

233 『方言』卷8, "豬北燕朝鮮之間謂之豭, 關東西或謂之豴, 或謂之豕, 南楚謂之豨,
其子或謂之豚, 或謂之貕, 吳揚之間謂之豬子."

3. 맥적과 고구려와의 관계성 검토

맥적과 유사한 음식 요리법으로서 이전시기 맥적에 대한 기록보다 더욱 상세한 내용을 담고 있는 적돈법이 기록된『제민요술』은 북위에서 만들어졌다. 북위는 비한족계 종족인 탁발선비가 건국한 나라로서 그들의 생활경제에서 주요하게 차지하는 것은 유목활동이다. 주로 소와 말, 양 등을 많이 길렀기[234] 때문에 양이 탁발선비의 주요한 육류 식재료로서 기능하였을 것이다. 하지만 돼지 사육의 경우 유목을 하는 탁발선비의 습속 상 잔반이나 잉여 곡물 또는 산림에서 나오는 나무 열매 등의 부산물을 먹고 자라는 돼지를 이동하면서 키우기는 어려운 일이었다. 그래서 탁발선비가 돼지를 전혀 안 길렀다고 할 수 없어도 돼지를 기르기가 양에 비해 그들에게 그리 손쉬운 일은 아니었기 때문에 이들이 돼지를 사육하는 경우는 양보다 떨어진다고 할 수 있다. 같은 맥락으로 탁발선비로서는 돼지보다는 양이 좀 더 익숙한 가축이며, 양으로 만드는 음식문화가 돼지로 만드는 것보다는 더 발전했을 것으로 짐작된다.

이와 같이 탁발선비와 돼지 사육, 또는 돼지로 만드는 적돈법 사이에 인과관계가 분명하지 않은 까닭으로『제민요술』에 기록된 적돈법은 한족 또는 탁발선비의 음식 및 요리법이라고 보기 힘들다. 따라서 적돈법은 한족이나 북위가 아닌 그 주변 종족의 음식문화였을 가능성이 있다.

북위의 주변 종족 가운데 돼지를 많이 사육하거나 주요한 가축

---

234 張景明,『中國北方遊牧民族飮食文化硏究』, 文物出版社, 2008, 52쪽.

으로 여기는 사람들은 누구일까. 바로 고구려인들과 숙신이나 물길, 말갈 등의 만주에 거주하는 사람들이라 할 수 있다. 이들은 모두 돼지를 많이 길렀다. 특히, 고구려의 경우 돼지와 관련되어 사서에 다음과 같이 기록되었다.

> 가축으로는 소와 돼지가 있고, 돼지는 흰색이 많다.[235]

> 혼인에 있어서는 남녀가 서로 사랑하면 바로 결혼시킨다. 남자 집에서는 돼지와 술만 보낼 뿐이지 재물을 보내 주는 예는 없다.[236]

위의 내용에서 알 수 있는 것은 고구려에서 많이 기른 가축이 소와 돼지였다는 점이며, 혼인에서 이른바 빙재(聘財)라고 볼만한 물품이 바로 돼지와 술이었다는 것이다. 혼인 때 따로 재물을 보내지 않은 것은 고구려의 질박한 풍속이라 할 수 있으나 그런 중에서도 돼지와 술을 보냈다는 점은 그것이 혼인 때 함께 나눌 수 있는 음식이라는 점 외에도 돼지가 고구려 사회에서 중요한 의미를 지녔기 때문이라 생각할 수 있다. 고구려에서 돼지는 하늘에 제사를 지낼 때 제물인 교시(郊豕)로서 특별히 관리되었으며, 돼지로 인해 도읍을 옮기고, 왕이 후계를 얻는 등 국가적으로 중요한 사건에서 매개체로 기능하기도 했다.[237] 이러한 점에서 볼 때, 실생활에서든 주요

---

235 『通典』卷186, 「邊防」第2 高句麗傳, "畜有牛、豕, 豕多白色."
236 『北史』卷94, 「列傳」第82 高句麗傳, "有婚嫁, 取男女相悅卽爲之. 男家送猪酒而已, 無財聘之禮, 或有受財者, 人共恥之, 以爲賣婢."
237 『三國史記』卷13, 「高句麗本紀」第1 瑠璃王 條, "二十一年春三月郊豕逸王命掌牲

한 상징으로서든 돼지는 고구려를 대표하는 가축이었다고 생각되며 돼지로 만드는 음식문화를 향유하는 경향이 돼지보다 양을 많이 기르는 탁발선비 보다 훨씬 컸을 것이다.

이는 야생멧돼지 분포도에서도 나타난다.[238] 일반적으로 돼지는 모두 하나의 종, 즉 야생멧돼지의 후손이라고 보기 때문에[239] 이들이 분포한 지역에서 멧돼지가 집돼지로의 순화와 사육이 많았을 수밖에 없었을 것이다. 돼지는 추위를 막아줄 푹신한 털뿐만 아니라 땀샘 같은 방열기관도 없기 때문에 더운 기후를 잘 견디지 못한다. 따라서 돼지의 화석이 많이 발견되는 곳은 사막이나 평원이 아니라 돼지가 살기에 쾌적한 시원하고 늪이 많은 숲지대다. 보편적으로도 돼지는 소나 양, 말 그리고 닭과 같은 가축들과는 달리 '고기'를 얻는 것에 더 특화되었기 때문에 돼지를 길들인 사람들은 분명히 돼지고기 구이를 염두에 두었을 것이다.[240]

동북아시아를 지역적으로 분류해 본다면 중국의 서북계 종족이 많이 거주하는 곳보다도 만주지방의 평원이나 소택지, 숲이 우거진 지역에 돼지가 많이 살았고 이들 돼지를 목축하기도 훨씬 수월했기 때문에 돼지와 관련된 음식이 발달했으리라 이해할 수 있다.

薛支 逐之至 國內 尉那巖 得之拘於 國内 人家養之返見王曰臣逐豕至 國内 尉那巖 見其山水深險地宜五穀又多麋鹿魚鼈之産王若移都則不唯民利之無窮又可免兵革之患也."; 『三國史記』卷16, 「高句麗本紀」第4 山上王 條, "十二年, 冬十一月, 郊豕逸掌者追之至 酒桶村 蹄躅不能捉."

238 J.C. 블록, 『인간과 가축의 역사』, 새날, 1996, 132쪽 그림7-2 ; 줄리엣 클루톤부록, 『포유동물의 가축화 역사』, 민음사, 1996, 92쪽 그림7.1 참조.

239 J.C. 블록, 위의 책, 130~133쪽.

240 새러 래스, 『돼지의 발견』, 뿌리와 이파리, 2007, 26~27쪽.

그러므로 남북조시대의 육류를 통째로 굽는 요리법인 적돈법은 한족이나 북위와 관련 깊은 음식 요리법이라기보다 돼지를 많이 기르거나 멧돼지를 자주 사냥할 수 있는 만주 및 요동지역의 고구려계 문화 및 습속과 관련성이 깊다고 판단된다. 적돈법도 맥적과 유사한 음식 또는 요리법이라는 점을 감안한다면, 맥족이나 만주 및 요동지역의 고구려계 문화 및 습속과 관련이 있다고도 볼 수 있을 것이다.

V. 닫는 글

이상으로 살펴본 맥적은 비한족계 육류음식문화이며 양념을 한 통구이 음식이다. 비한족계에는 여러 종족이 있지만 음식명과 관련되어 가장 유력한 종족은 맥족이라고 할 수 있다. 맥족의 연원으로 기록된 '호맥'이나 '적'은 한족이 아닌 사람들이라는 의미로 기록되었을 가능성이 크기 때문이다. 맥적의 연원이 호맥에서 적으로, 적에서 융적으로 바뀌는 일련의 과정은 맥적이 비한족계 북방종족의 음식이라는 것 외에 다른 종족적 연원을 의미한다고 보긴 어렵다고 생각된다.

따라서 맥적에 관해 좀 더 자세한 정보를 얻기 위해서는 음식명을 주목할 필요가 있다고 여겨진다. 음식명이 일반적으로 음식과 관련된 연원이나 내용, 그 음식에 대한 정의 등을 내포하고 있다는 점을 고려할 때 맥적은 맥족 계열의 음식이라고 할 수 있다.

이러한 맥족에 관련하여 기원이나 지리적 위치 문제 등으로 여러 해석을 내릴 수 있으나 맥족의 가장 유력한 이들 가운데 하나는 고구려라고 할 수 있다. 고구려는 "句驪一名貊(耳) 有別種依小水爲居因名曰小水貊. 出好弓所謂貊弓是也."이라고 기록된 바가 있고 중국학계의 예맥족 관련 연구 성과 또한 맥족과 고구려계의 관련성을 부인하지 못하고 있다. 이렇게 본다면 맥적은 고구려계의 육류 음식 및 그 문화로서 포함될 수 있을 것이다.

맥적은 그간 통구이 음식에서 잘게 자른 양념육류를 굽는 것으로 변화했으리라 생각되었지만 시대별 관련 내용을 살펴볼 때

『석명』에 기록된 대로 전체를 굽는 방식이 계속 고수되었을 가능성이 크다. 음식문화가 갖는 보수성을 고려한다면 이러한 내용은 주목할 필요가 있다고 여겨진다.

맥적의 재료로 소, 양, 돼지, 말 등 당시 많이 길렀던 가축들을 생각해 볼 수 있지만, 소와 말은 어느 시대나 종족에게도 반드시 필요한 역축이었고, 고구려 무덤벽화에 나타나는 바와 같이 수레 등을 끄는 운송의 기능도 담당하고 있었기 때문에 식재료로 사용되기에는 그 중요성이 컸다고 보인다. 그렇기 때문에 소보다는 고기를 얻는데 유리한 양이나 돼지를 맥적의 재료로 하였을 것이다. 그러나 양과 돼지 가운데 실제로 맥적의 재료가 된 것은 맥족과 같은 고구려계 민족의 거주지인 만주지역 및 한반도 북부에서 보다 기르기 적합한 가축인 돼지였으리라 여겨진다. 이러한 점에서 맥적의 시작은 양념 돼지 통구이였다고 추정되지만 이것이 이후 한국의 불고기와 같은 육류 음식에 어떠한 영향을 주었는지에 대해서는 추후로 연구가 좀 더 진행되어야 할 것이라 생각된다.

고구려 육류 음식 문화의 실제와 양상

Ⅰ. 여는 글

고구려인들의 음식문화는 고구려의 발전과 고구려인들의 생활을 통해 이룩되었다. 고구려는 건국초기부터 척박한 환경[241]에서 생존을 궁리해야 했는데, 그 생존 방법은 전쟁을 통한 전리품의 획득 및 농업의 확대를 위한 농경지 확보, 목축 및 수렵, 어렵, 채집과 같은 여러 생산 활동의 다양화 등이었다. 이러한 생산의 다양화를 위하여 고구려의 권력자들은 전쟁, 생산기술의 발달, 대외교류 등의 모색을 꾀하였고, 이를 통해 고구려인들은 스스로를 '먹여 살릴 수 있는 능력'[242]을 키워냈다.

고구려인들이 일상적으로 먹는 것 가운데 주식은 곡물요리였을 것이다. 고구려 건국의 터전인 압록강 중상류 지대에는 고조선시

---

241 『三國志』卷30,「魏書 東夷傳」第30 高句麗傳, "多大山深谷, 無原澤. 隨山谷以爲居, 食澗水. 無良田, 雖力佃作, 不足以實口腹. 其俗節食, 好治宮室. 於所居之左右立大屋, 祭鬼神, 又祀靈星 · 社稷. 其人性凶急, 喜寇鈔."; 『後漢書』卷85,「東夷列傳」第75 高句驪傳, "地方二千里, 多大山深谷, 人隨而爲居. 少田業, 力作不足以自資, 故其俗節於飮食, 而好修宮室…其人性凶急, 有氣力, 習戰鬪, 好寇鈔…."

242 레이철 로던 저 · 조윤정 역,『탐식의 시대』, 다른세상, 2015, 66쪽.

대의 것으로 추정되는 여러 유물들이 출토되었다. 다양한 토기류, 돌보습 및 괭이, 낫, 반달칼 등은 이 지역에서 농업활동이 매우 활발했음을 고고학적으로 알려주고 있다.[243] 이러한 오랜 농업의 전통을 고구려 또한 계승하고 발전시켰을 것이다. 그러나 국초 국가와 사회가 발전하기에 충분한 전지(田地)의 확보가 어려웠기 때문에 고구려인들은 충분한 생산력을 담보하지 못했다. 이때의 부족한 식량자원은 고구려인들이 때로는 전쟁을 통해 얻은 전리품으로 충당하거나 가축 및 사냥을 통한 동물의 식육화, 수계에서 얻은 어족자원을 섭취하며 보충했을 것이다.

이와 같은 사정으로 건국 초기 주식인 곡물음식을 보충한 육류음식은 동물성 단백질을 고구려인들에게 공급하는 역할을 수행하여 영양적으로 '건강한' 고구려인을 길러내는데 역할을 하였으리라 생각된다.[244] 하지만 부족한 음식의 보완적 기능을 완료한 육류음식이 이후로도 고구려인들에게 상용 음식이 되었다고 보긴 어렵다. 먼저, 육류음식을 만들기 위해서는 사냥이나 목축과 같은 가축사육을 통해 식육재를 획득해야 했다. 사냥을 통한 식육재의 획득은 곡물식량 생산과 비교할 때, 고구려인들 스스로 지속적이고 체계적인 수급을 계획하거나 통제해내기 어렵기 때문에 고구려인들 모두에게 안정적인 공급을 이뤄냈다고 볼 수 없다. 또한 목축을 통

---

243 리병선, 「압록강 및 송화강 중상류 청동기시대 문화와 그 주민」, 『고고민속』3, 과학원출판사, 1966.

244 고구려 육류음식에 관한 연구에는 김동실(「한국 고대 전통음식의 형성과 발달」, 상명대 석사학위논문, 2008)과 박유미(「고구려 음식문화사연구」, 인하대 박사학위논문, 2014 ; 「맥적의 요리법과 연원」, 『선사와 고대』38, 한국고대학회, 2013)의 연구가 있다.

한 식육재의 획득은 가축이 식육재로의 기능 외에 갖는 여러 유용성 때문에 반드시 섭취하기 위해 사육하여 식재료화한다고 보기 힘들다. 이러한 까닭으로 육류음식은 고구려인들이 언제나 섭취할 수 있는 일상적 음식이 아닌, 특별한 의미 및 귀한 자리에 내는 음식 등의 고급음식으로 여겨졌을 것이다.

한편, 사냥을 통한 야생동물의 식육화가 아닌 가축을 식육화하는 것은 그 의미가 남달랐을 것으로도 생각된다. 실제로 고구려인 가운데 가축을 식육화할 수 있으며 그것을 자주 섭취할 수 있는 사람은 대체로 부유하거나 신분이 높았다. 이것은 덕흥리 벽화고분 묘주인 진(鎭)의 묘지명에서 확인할 수 있다.

따라서 고구려의 육류 음식은 국초 곡물식량의 보완재로 기능했지만 이후 국가와 사회의 발전 추이, 고구려인의 경제적 상황 및 신분에 따라 섭취의 층위, 육류음식을 섭취하는 상황과 그 빈도수에 차이를 보였을 것이다. 이 글에서는 그에 대한 내용을 통해 고구려인들의 생활과 사회경제적 양상을 밝혀보고자 한다. 이와 같은 내용은 고구려인들의 사회와 삶을 재구성하는데 기능할 수 있고, 생산 경제 및 소비의 실제를 유추해볼 수 있기 때문이다.

Ⅱ. 고구려인들이 활용한 식육류의 종류

1. 문헌에 기록된 고구려인의 사냥과 이를 통해 얻은 식육류

사냥은 선사시대부터 사람들의 식량획득의 방법으로 널리 활용된 방법으로 고구려에서도 다양한 목적으로 쓰였다. 큰 산과 깊은 골짜기가 많은 고구려의 생태환경의 특성[245]은 사냥이 고구려인들과 밀접할 수밖에 없음을 나타내주고 있다. 이러한 내용은 국내문헌과 무덤벽화의 자료, 중국측 사료를 통해 확인할 수 있다.

먼저, 국내문헌을 살펴보면 『삼국사기三國史記』「고구려본기高句麗本紀」에서 동명성왕(東明聖王)[246], 유리명왕(瑠璃明王)[247], 대무신왕(大武神王)[248], 민중왕(閔中王)[249], 태조대왕(太祖大王)[250], 차대왕

---

245 『三國志』卷30,「魏書 東夷傳」第30 高句麗傳 ; 『後漢書』卷85,「東夷列傳」第75 高句驪傳 참조.

246 『三國史記』卷13,「高句麗本紀」第1 東明聖王 條, "…後, 獵于野, 以朱蒙善射, 與其矢小, 而朱蒙殪獸甚多." : "…王見沸流水中有菜葉逐流下, 知有人在上流者, 因以獵往尋, 至沸流國."

247 『三國史記』卷13,「高句麗本紀」第1 瑠璃明王 條, "二年 九月, 西狩獲白獐." : "三年 王田於箕山, 七日不返." : "二十一年 夏四月, 王田于尉中林." : "二十二年 十二月, 王田于質山陰, 五日不返." : "二十四年 秋九月, 王田于箕山之野, 得異人."

248 『三國史記』卷14,「高句麗本紀」第2 大武神王 條, "三年 秋九月, 王田骨句川得神馬, 名駏驤." : "五年 至利勿林, 兵飢不興, 得野獸以給食."

249 『三國史記』卷14,「高句麗本紀」第2 閔中王 條, "三年 秋七月, 王東狩獲白獐." : "四年 夏四月, 王田於閔中原 . 秋七月, 又田."

250 『三國史記』卷15,「高句麗本紀」第3 太祖大王 條, "十年 秋八月, 東獵, 得白鹿."

(次大王)²⁵¹, 고국천왕(故國川王)²⁵², 산상왕(山上王)²⁵³, 동천왕(東川王)²⁵⁴, 중천왕(中川王)²⁵⁵, 서천왕(西川王)²⁵⁶, 미천왕(美川王)²⁵⁷, 장수왕(長壽王)²⁵⁸, 문자명왕(文咨明王)²⁵⁹, 안장왕(安臧王)²⁶⁰, 평원왕(平原王)²⁶¹ 조(條)를 통해 각각의 사냥 기록을 확인할 수 있다. 그 밖에 『삼국사기』「열전列傳」의 온달(溫達)²⁶² 및 《광개토왕비문》에

: "四十六年 春三月, 王東巡柵城, 至柵城西劂山, 獲白鹿.": "五十五年 秋九月, 王獵質山陽, 獲紫獐.": "八十年 秋七月, 遂成獵於倭山, 與左右宴.": "八十六年 春三月, 遂成獵於質陽, 七日不歸, 戲樂無度. 秋七月, 又獵箕丘, 五日乃反.": "九十四年 秋七月, 遂成獵於倭山之下."

251 『三國史記』卷15,「高句麗本紀」第3 次大王 條, "三年 秋七月, 王田于平儒原, 白狐隨而鳴, 王射之不中."

252 『三國史記』卷16,「高句麗本紀」第4 故國川王 條, "十六年 冬十月, 王畋于質陽."

253 『三國史記』卷16,「高句麗本紀」第4 山上王 條, "三年 秋九月, 王畋于質陽."

254 『三國史記』卷17,「高句麗本紀」第5 東川王 條, "元年 王性寬仁, 王后欲試王心, 候王出遊, 使人截王路馬鬣."

255 『三國史記』卷17,「高句麗本紀」第5 中川王 條, "四年 後王獵于箕丘而還.": "十二年 冬十二月, 王畋于杜訥之谷.": "十五年 秋七月, 王獵箕丘, 獲白獐."

256 『三國史記』卷17,「高句麗本紀」第5 西川王 條, "七年 夏四月, 王如新城, 獵獲白鹿.": "十九年 秋八月, 王東狩, 獲白鹿."

257 『三國史記』卷17,「高句麗本紀」第5 美川王 條, "元年 秋九月, 王獵於侯山之陰."

258 『三國史記』卷18,「高句麗本紀」第6 長壽王 條, "二年 冬十月, 王畋于蛇川之原, 獲白獐."

259 『三國史記』卷19,「高句麗本紀」第7 文咨明王 條, "十五年 秋八月, 王獵於龍山之陽, 五日而還."

260 『三國史記』卷19,「高句麗本紀」第7 安臧王 條, "十一年 春三月, 王畋於黃城之東."

261 『三國史記』卷19,「高句麗本紀」第7 平原王 條, "十三年 秋七月, 王畋於浿河之原, 五旬而返."

262 『三國史記』卷45,「列傳」第5 溫達 條, "高句麗常以春三月三日, 會獵樂浪之丘. 以所獲猪鹿, 祭天及山川神. 至其日, 王出獵, 羣臣及五部兵士皆從. 於是, 溫達以所養之馬隨行, 其馳騁常在前, 所獲亦多, 他無若者."

서도 사냥 관련 내용[263]이 확인된다. 이때의 사냥은 몇 가지로 성격이 정리되는데, 일상적 삶으로서의 사냥, 유희적 개념 및 정치나 군사적 목적으로 신하들과의 화합·친교를 위한 사냥, 먹거리를 얻거나 제수용 고기를 위한 사냥 등으로 나눌 수 있다.

특히, 이들 성격 중에서 먹거리를 얻는 활동은 사냥의 본래적 성격에 가장 부합하는데 이를 국내문헌에서는 대무신왕 5년의 사료를 통해 확인할 수 있다. 사냥을 통해 부족한 식재료를 획득하고 보충하여 당장의 배고픔을 벗어나는 양상을 보여주고 있는 것이다.

> 5년(22) 이물림에 이르러 군사들이 굶주려 일어나지 못하자 들짐승을 잡아먹었다.

위의 내용은 고구려군이 전쟁과정에서 준비한 식량이 부족해 굶주리게 되자 사냥으로 야생동물을 식량화한 내용이다. 이러한 식재료 획득을 위한 사냥은 때에 따라 군대뿐만 아니라 일반 고구려인들에게도 익숙한 일이었을 것으로 추정된다.

또한 식육재를 얻기 위한 방법은 이후 좀 더 의례적이고, 국가적인 의미를 가진 대제전으로 발전하게 된다. 그 내용을 증명하는 것이 바로「열전」온달 조의 내용이다.

고구려에서는 항상 봄철 3월 3일이면 낙랑의 벌판에 모여 사냥해서

---

263 《廣開土王碑》, "永樂五年歲在乙未, 王以碑麗不歸△人, 躬率往討, 過富山負山, 至鹽水上, 破其三部洛六七百營, 牛馬群羊, 不可稱數, 於是旋駕, 因過襄平道, 東來口城, 力城, 北豊, 王備獵, 游觀土境, 田獵而還."

그때 잡은 돼지와 사슴으로 하늘과 산천의 신에게 제사하였다. 그날
이 되어 왕이 사냥을 나가자 여러 신하와 5부의 병사들이 모두 따라
갔다.

이와 같이 고구려인들은 봄철 3월 3일이면 항상 낙랑의 벌판에
모여 사냥을 해 제사를 지냈다. 제사에 필요한 제물을 준비하는 과
정에서 열리는 사냥대회는 고구려인들에게는 특별히 의미 있는
대회였을 것이다. 게다가 이것이 국가가 개최하는 정기적인 사냥
대회였다는 점도 주목할 내용이다.[264] 이러한 대회를 통해 많은 사
냥감을 잡은 온달은 그 능력을 인정받아 후주(後周)가 고구려를 공
격할 때, 고구려군의 선봉에 서서 군공을 세웠고 관작을 받게 되
는 계기를 마련하였다.[265] 이처럼 고구려에서의 사냥은 단순한 일
상이나 먹거리 획득 수단 등에서 군사훈련이나 정치적 목적[266]을

---

264 『北史』卷94 「列傳」第82 高句麗傳, "봄과 가을에는 사냥대회를 여는데, 왕이 직
　　접 참석한다(及春秋校獵, 王親臨之)." ; 『隋書』卷81, 「東夷列傳」第46 高句麗傳,
　　"매년 봄과 가을에 사냥 대회를 여는데, 왕이 몸소 참가한다(每春秋校獵, 王親
　　臨之)."

265 『三國史記』卷45, 「列傳」第5 溫達 條, "말을 타고 달리는데 항상 앞에 있었고 잡
　　은 사냥감도 많아서 비교할 사람이 없었다. 왕이 불러 이름을 묻고는 놀랐고
　　이상하게 생각했다. 이때 후주 무제가 군사를 내어 요동을 정벌하려 하였다.
　　왕이 군사를 거느리고 이산의 벌판에서 싸웠다. 온달은 선봉에 섰다.… 전공을
　　논하게 되자 온달을 첫째로 꼽지 않는 사람이 없었다. 왕이 기뻐하며 말하길,
　　이 사람이 내 사위라고 하였으며, 예를 갖춰 그를 맞이하였고, 대형의 관작을
　　주었다(其馳騁常在前, 所獲亦多, 他無若者. 王召來問姓名, 驚且異之. 時後周武
　　帝出師, 伐遼東. 王領軍, 逆戰拎拜山之野. 溫達爲先鋒, … 及論功, 無不以溫達
　　爲第一. 王嘉歡之日, 是吾女壻也. 備禮迎之, 賜爵爲大兄)."

266 고국천왕은 수렵길에 굶주린 백성을 만나 진대법을 실시하도록 했으며(『三國

비롯한 관직제수의 기회까지 제공할 수 있었기 때문에 사냥과 관련된 고구려인들의 생활문화는 매우 복합적이며 의미가 컸으리라 생각된다.

한편, 사냥의 목적은 여러 가지이지만 그 때 잡은 사냥감들은 결국 상황에 따라 제사의 제물 등과 같은 식용으로 사용되었을 것이다. 그리고 이때의 기록을 통해 드러나는 야생동물은 대부분 노루나 사슴, (멧)돼지였다. 기록에는 나타나지 않지만 민간에서도 작은 규모의 수렵은 빈번하게 행했을 것이다. 꿩이나 토끼 등의 몸집이 작은 동물은 민간에서 잡기 용이했을 것이나 사료에서 볼 수 있는 사슴류나 멧돼지를 비롯해서 곰이나 호랑이 등의 야생동물은 대대적인 규모와 장비를 갖추고 잡을 수 있었으리라 추측된다.

이러한 고구려인들의 사냥 모습은 무덤벽화의 모습을 통해서도 알 수 있다. 고구려 고분벽화에 나타난 고구려인들의 삶 속에 사냥이 일정한 비중을 차지하고 있으며 그 사냥의 대상 또한 매우 다양함을 이해할 수 있다.

史記』卷16,「高句麗本紀」第4 故國川王 條, "十六年冬十月, 王畋于質陽, 路見坐而哭者, 問何以哭爲. 對曰, 臣貧窮, 常以傭力養母. 今歲不登, 無所傭作, 不能得升斗之食, 是以哭耳. 王曰, 嗟乎! 孤爲民父母, 使民至於此極, 孤之罪也. 給衣食以存撫之. 仍命內外所司, 博問鰥寡孤獨老病貧乏不能自存者, 救恤之. 命有司, 每年自春三月至秋七月, 出官穀, 以百姓家口多小, 賑貸有差, 至冬十月還納, 以爲恒式, 內外大悅.") 미천왕은 수렵터에서 국상 창조리 등에 의해 왕으로 추대되었다(『三國史記』卷17,「高句麗本紀」第5 美川王 條, "秋九月, 王獵於侯山 之陰, 國相 助利 從之. 謂衆人曰, 與我同心者, 効我. 乃以蘆葉插冠, 衆人皆插之. 助利 知衆心皆同, 遂共廢王, 幽之別室, 以兵周衛. 遂迎王孫, 上璽綬, 卽王位.").

그림 28 무용총 널방 오른쪽 벽 수렵도

대표적인 수렵도인 무용총 수렵도(그림 28)[267]에는 기마궁수가
사슴과 호랑이 등을 사냥하는 장면이 그려져 있다. 기마 궁수 옆
에는 개가 따라가는 모습도 보여 고구려인들이 사냥할 때 개가 옆
에서 조력한 것을 알 수 있다. 또한 안악 1호분과 장천 1호분의 벽
화에는 기마궁수나 도보 창수가 사냥감들을 몰면서 사냥하는 일
반적인 장면 외에도 매를 이용하여 사냥하는 매사냥도 그려져 있
어 고구려에서의 사냥은 다양한 모습으로 진행되었다고 이해된
다. 이렇게 고구려는 왕에서부터 일반 백성에 이르기까지 사냥을

267 국립문화재연구소 웹페이지, 북한문화재자료관 고구려 고분벽화_무용총 수렵
도 이미지(http://north.nricp.go.kr/nrth/kor/inx/index.jsp)

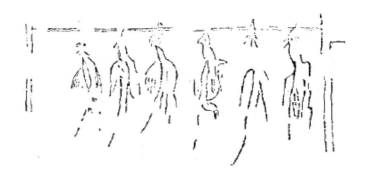

그림 29 팔청리 벽화고분 통로 동벽 푸줏간 모사도

행했고, 이를 통해 군사력 강화, 정치적 과업의 실행, 경제력 획득,
사회적 신분상승의 기회 등을 제공했던 고구려는 야생동물의 식
육재 활용이 상당했을 수밖에 없었을 것이다.

수렵도 외에도 야생동물을 확인할 수 있는 그림은 안악 3호분과
팔청리 벽화고분의 그림 등이다. 특히 팔청리 고분벽화에서 식용
재료로 쓰이는 육류를 저장 및 보관해놓은 그림을 볼 수 있는데, 이
것은 꿩 등의 작은 몸집의 동물들로서 사냥을 통해 잡은 육류라고
생각된다(그림 29)[268].

그밖에도 중국측 사료에서 고구려인들이 사냥한 야생동물을 확
인할 수 있다. 고조선의 옛 땅에 세워진 나라[269]였던 고구려인들은

268 국립문화재연구소 웹페이지, 북한의 문화재 유적목록 고구려 고분벽화_팔청
리 벽화고분(http://portal.nrich.go.kr/kor/page.do?menuIdx=667) ; 이태호,
「고구려벽화고분22 : 인물풍속도-팔청리 벽화고분」, 『북한』, 북한연구소, 1981,
217쪽 및 218쪽 圖9 참조.
269 『後漢書』卷85, 「東夷列傳」第75 濊傳, "濊及沃沮·句驪, 本皆朝鮮之地也."

고조선시대 때부터 잡았던 야생동물을 계속 잡았을 것이다. 아울러 고구려인들은 부여를 복속한 후 부여의 자연환경에서 잡을 수 있었던 담비와 살쾡이, 여우, 원숭이, 담비[270] 등을 비롯하여 점령지였던 예에서 나타나는 표범[271] 및 고구려인들을 계승하고 고구려의 영토 대부분을 차지한 발해에서 귀하게 여긴 사슴[272] 등도 고구려인들에게 주요한 사냥감이 되었음을 알 수 있다.

결과적으로 국내의 문헌, 고분벽화 및 중국측 사료에 나타난 고구려인들의 사냥감은 표범, 살쾡이, 여우, 원숭이, 담비, 호랑이, 곰, 사슴, 멧돼지 등으로 다양했음을 알 수 있다. 그러나 이들 야생동물 가운데 주요한 사냥감은 사슴류와 멧돼지였으며, 사냥할 때 고구려인들은 말과 개, 때로는 매 등을 활용했다. 이 가운데 말과 개는 고구려인들이 사육한 가축으로 고구려인들의 사냥은 가축 사육이 발달할수록 개인 사냥을 포함하여 대규모로 더욱 다양하게 이뤄질 수 있었을 것이다. 물론 고구려인들의 사냥 목적이 모두 식재료와 관련된 것은 아니겠지만 최종적으로 목적한 바를 이루고 나서 먹을 수 있는 부분은 최대로 식용으로서 활용되었을 것으로 생각되기 때문에, 여러 목적으로 사냥을 진행했던 고구려인들이 활용할 수 있는 식육재의 폭은 지속적으로 확대되었으리라 짐작된다.

---

270 『三國志』卷30, 「魏書 東夷傳」第30 夫餘傳, "夫餘國出貂豽…大人加狐狸狖白黑貂之裘."

271 『三國志』卷30, 「魏書 東夷傳」第30 濊傳 ; 『後漢書』卷85, 「東夷列傳」第75 濊傳, "濊土地饒文豹."

272 『新唐書』卷219, 「北狄列傳」第144 渤海傳, "渤海俗所貴者. 夫餘之鹿.."

2. 목축[273]을 통한 식육류

대체로 인류에게 있어 농경과 목축은 생존재료를 생산한다는 점에서 필수적인 활동이었지만 반드시 양자가 동반되어 나타나지는 않았다. 그러나 점차 농경이 발달한 곳에서 목축 또한 발달하여 농산물과 축산물 모두에 생존을 의지하는 생활방식으로 옮겨갔다.[274]

이러한 보편성은 고구려에도 적용될 것이다. 고구려에서 농업과 목축은 필수적인 생산활동이었다. 특히 농업의 심화를 위한 축력의 활용이 필요했던 고구려에서 목축은 단순히 음식재료를 얻는 것 이상의 큰 역할을 했다고 보인다. 그러나 고구려는 국초부터 생산환경이 좋지 못해[275] 농업과 목축이 위축되었기 때문에 수렵이나 어렵 등 보조 경제 수단의 활용에 적극적이었을 것이다. 이것은 고구려 내에서 발굴되는 사냥을 주제로 한 고분벽화나 어망추 등의 다양한 어렵 유물[276]을 통해서도 확인된다.

고구려의 목축은 농업에 비해 그리 부각되지 못했지만 고구려의

---

273 고구려의 목축에 관하여 고찰하는 사료의 범위는 고구려와 부여, 예와 옥저이다. 고구려는 부여의 별종이라 칭해지는 까닭으로 부여와 고구려의 관련성은 매우 깊기 때문이고, 예와 옥저는 고조선의 옛 땅에 고구려와 함께 존재했으며, 고구려에 완전히 복속되었기 때문에 고구려 및 고구려의 범위에 포함된다고 볼 수 있다.

274 장 드니 비뉴 저 · 김성희 역, 『목축의 시작』, 알마, 2014, 14쪽.

275 『三國志』卷30, 「魏書 東夷傳」第30 高句麗傳, "多大山深谷, 無原澤. 隨山谷以爲居, 食澗水. 無良田, 雖力佃作, 不足以實口腹. 其俗節食, 好治宮室. 於所居之左右立大屋, 祭鬼神, 又祀靈星 · 社稷. 其人性凶急, 喜寇鈔."

276 牛金娥, 「高句丽民族对东北开发的贡献」, 『北方文物』2004-02, 北方文物杂志社, 2004, 96쪽.

발전을 위해 반드시 확대되어야만 했다. 목축이 주는 이로움에는 안정적인 축력의 제공과 식재료로의 활용이 상당한 비중을 차지하지만 그에 못지않게 전쟁과 외교 및 종교적인 역할도 포함된다. 또한 목축을 하는 과정에서 얻어지는 다양한 부산물 즉, 젖류나 가죽, 뼈, 털 등은 식재료 및 수공업의 재료로 활용되기 때문에 고구려인의 삶을 윤택하게 하는데 일조했을 것이다.

고구려에서 확인되는 가축의 종류는 소와 말, 돼지와 양, 개와 닭이다.[277] 흔히 육축이라고 불리는 가축이 모두 고구려에서 확인되는 것이다. 이들은 식육재로서만이 아니라 농업과 전쟁, 제사와 사냥 등의 다양한 목적으로 사육되었다.

먼저 소(그림 30)[278]의 사육과 관련되어 고구려인들은 주로 세 가

그림 30 안악 3호분 동쪽 곁방 남쪽의 외양간

277 박유미, 앞의 글, 2014, 76~99쪽 참조.
278 국립문화재연구소 웹페이지, 북한문화재자료관 고구려 고분벽화_안악 3호분의 외양간 이미지(http://north.nricp.go.kr/nrth/kor/inx/index.jsp).

지 기능으로 소를 사육하고 활용했다고 보인다.[279] 역축으로서의 소가 가지는 재화적 가치와 제사 및 점복에 쓰이는 희생재 및 식육재의 기능이 그것이다. 소가 역축으로서 큰 기능을 하는 것은 심경(深耕)을 가능하게 한다는 것이다. 소를 활용하여 얻을 수 있는 농업생산력이 상당하기 때문에 농업국가인 고구려에서는 소를 해친 자를 징벌하여 노비로 만들었다[280]고 생각된다. 또한 부여에서는 관직명에 소의 이름을 붙여 그 중요성을 증명했으며 투기한 부인의 시신을 친정에서 돌려받기 위해서는 소를 비용으로 지불

---

279 최근 중국 만주지역 하얼빈 인근지역에서 발굴된 1만년 전의 소뼈를 연구하여 만주지역에서 소가 독자적인 순화를 통해 가축화되었다는 연구결과를 내놓았다. 중국을 비롯해서 영국, 덴마크, 아일랜드 등의 여러 나라 과학자가 공동으로 참여한 연구는 그동안 학계의 다수설이었던 10,500년 전에 近東지역에서 최초로 소를 길들여 기르기 시작했다는 소의 순화 기원지 단일중심설을 뒤집는 것이다. 10,660년을 전후한 소뼈를 통해 원시소와 현재 가축으로 기르는 소 사이에 있었던 과도종과 특징이 일치하는 것을 밝혀냈다(Hucai Zhang, Johanna L. A. Paijmans, Fengqin Chang, Xiaohong Wu, Guangjie Chen, Chuzhao Lei, Xiujuan Yang, Zhenyi Wei, Daniel G. Bradley, Ludovic Orlando, Terry O'Connor&Michael Hofreiter, 「Morphological and genetic evidence for early Holocene cattle management in northeastern China」, 『Nature Communications』Online, 2013[8 Nov].) 이러한 소의 순화는 결국 역축의 기능을 일찍부터 만주 지역 거주민들이 활용했다는 것으로 귀결된다. 만주 지역에 거주하는 여러 종족 가운데 농업 등의 전통을 갖고 있고 역축의 기능을 잘 활용했던 것으로 생각되는 종족 가운데 고조선인도 있다. 만일 고조선인들이 일찍부터 소를 순화시켜 농사 및 여러 목적으로 활용할 수 있었다면, 고조선의 옛 땅에 건국한 고구려 등도 이러한 전통을 일찍부터 계승, 발전시켰을 것으로 생각된다.

280 『舊唐書』卷199, 「東夷列傳」第149 高句麗傳 ; 『新唐書』卷220, 「東夷列傳」第145 高句麗傳, "殺牛馬者, 沒身爲奴婢. … 獲馬三萬疋 · 牛五萬頭 · 明光甲五千領, 他器械稱是."

해야 했고[281] 예의 경우 부락침범의 징벌과 보상금으로 소를 납부해야 함[282]을 확인할 수 있었다. 이렇게 중요한 소를 음식화 할 수 있는 사람은 부유하거나 신분적으로 높은 사람일 수밖에 없다. 그래서 소를 먹는다는 것 자체가 덕흥리 벽화고분 주인의 묘지명에서와 같이 자신의 위치를 과시하는 것으로도 작용했을 것이다.[283]

한편, 소는 전리품[284]으로도 기능했다. 소는 전쟁에서 승리한 군이 점령한 지역에서 얻을 수 있는 값 있는 재화 중 하나라고 생각된다. 왜냐하면 소는 축력, 고기, 가죽, 뼈, 우유 등을 제공하는 유용한 가축이었기 때문이다. 군대가 돌아갈 때 소는 짐을 운반하는 용도로 쓸 수 있고 필요할 때는 죽어서 식용할 수 있는 이점이 있어

---

281 『三國志』卷30,「魏書 東夷傳」第30 夫餘傳 ; 『後漢書』卷85,「東夷列傳」第75 夫餘傳 ; 『晉書』卷97,「東夷列傳」第67 夫餘傳 ; 『通典』卷185,「邊防 東夷」第1-上 夫餘傳 ; 『册府元龜』卷959,「外臣部 土風」第4-1 ; 『册府元龜』卷962,「外臣部 官號」第7 ; 『太平御覽』卷726,「方術部 牛蹄卜」第7 ; 『太平御覽』卷781,「四夷部 東夷」第2-2 夫餘傳 ; 『翰苑』,「蕃夷部」夫餘, "有馬加 · 牛加 · 豬加 · 狗加 · 大使 · 大使者 · 使者…女家欲得, 輸牛馬乃與之…有軍事亦祭天, 殺牛觀蹄以占吉凶."

282 『三國志』卷30,「魏書 東夷傳」第30 濊傳 ; 『後漢書』卷85,「東夷列傳」第75 濊傳 ; 『通典』卷185,「邊防 東夷」第1-上 濊傳 ; 『太平寰宇記』卷172,「四夷 東夷」第1-1 濊國傳 ; 『册府元龜』卷959,「外臣部 土風」第4-1 東沃沮傳 ; 『太平御覽』卷780,「四夷部 東夷」第1-1 獩貊傳, "輒相罰責生口牛馬, 名之爲責禍."

283 덕흥리 벽화고분 묘지명(408), "造欌萬功日煞牛羊酒 米粲不可盡掃旦食鹽豉食一椋記."

284 광개토대왕비釋文 1면, "永樂五年(395), 歲在乙未, 王以碑麗不歸口人, 躬率往討, 過富山負山, 至鹽水上, 破其三部(族), 六七百營, 牛馬群羊, 不可稱數, 于是旋駕, 因過襄平道, 東來口城, 力城, 北豊, 王備獵, 游觀土境, 田獵而還. 百殘, 新羅, 舊是屬民." ; 『舊唐書』卷199,「東夷列傳」第149 高句麗傳 ; 『新唐書』卷220,「東夷列傳」第145 高句麗傳, "殺牛馬者, 沒身爲奴婢.…獲馬三萬疋 · 牛五萬頭 · 明光甲五千領, 他器械稱是."

매우 활용도 높은 재화였을 것이다.

또한 소는 제사와 점복에 사용되는 제물로도 기능한다. 큰일을 앞두고 길흉을 점치기 위해 소를 죽여 그 뼈를 활용하는 것이다.[285] 점을 치려고 하거나 제사에 제물로 바쳐진 소는 반드시 도축되었기 때문에 어떻게든 소비해야 된다. 소비하는 방법은 대체로 음식으로 만드는 것이다. 제사로 인해 희생된 소를 재료로 하여 음식을 만드는 것은 참가자들에게 특별한 의미를 가지리라 생각된다. 그리하여 이를 나눠 먹는 행위 자체가 남다른 의미로 받아들여지기 때문에 소를 활용한 음식은 고구려 및 부여에서 특수한 위상을 가지리라 생각된다.

마지막으로 소와 관련된 식재료인 육류 외에도 빼놓을 수 없는 것은 우유이다. 우유를 얼마나 얻었고 어떻게 소비하였는지를 세세히 확인할 수는 없지만 고구려의 음료 가운데 가축의 젖류를 활용한 '락(酪)'[286]이 있기 때문에 소의 젖인 우유도 사용했을 가능성이 높다고 하겠다.

두 번째로 말(그림 31)[287]의 사육은 고분벽화의 그림은 물론 여러 문헌사료를 통해 확인된다. 고구려에서 말이 많이 난다는 평가[288]

---

285 『册府元龜』卷369,「將帥部」第30 攻取 條, "高麗云…進朱蒙爲婦, 日搥牛以祭之." ;『太平御覽』卷783,「四夷部 東夷」第4-4 高句驪傳 :『翰苑』,「蕃夷部」高麗, "祭天, 名日東盟. 有軍事亦祭天, 殺牛觀蹄, 以占吉凶." ;『太平御覽』卷899,「獸部 牛」第11-中, "楊方 五經鉤沉曰, 東夷之人以牛骨占事."

286 『册府元龜』卷126,「帝王部」第126 納降, "城中父老僧尼, 貢夷酪昆布米餠蕪荑豉 等, 帝悉爲少受, 而賜之以帛."

287 국립문화재연구소 웹페이지, 북한문화재자료관 고구려고분벽화_안악 3호분 마구간 이미지(http://north.nricp.go.kr/nrth/kor/inx/index.jsp).

288 『翰苑』,「蕃夷部」高麗, "高驪記曰, 馬多山在國北, 高驪之中, 此山最大. 丱里間,

가 오래전부터 있어
왔기 때문에 고구려
의 말 사육은 매우
이른 시기부터 진행
되었을 것이며 그 개
체수 또한 상당했을
것이다. 말을 사육
한 목적은 주로 전쟁
수행 및 재화적 목적
때문이었다. 게다가
고구려의 말은 대외

그림 31 안악 3호분 동쪽 곁방
서북의 왼편에 위치한 마구간

공물로도 활용되었는데 중국에서 이를 선호[289]했을 뿐만 아니라 직접적으로 고구려의 말을 요구[290]하는 예도 있어 고구려 말과 그 사육이 훌륭했음[291]을 알 수 있다. 고구려의 형법에도 말을 죽인 자는 노비에 처한다는 내용[292]이 있어 고구려에서 말을 매우 중요하게

唯通匹馬. … 初未有馬, 行至此山, 忽見群馬出穴中, 形小向酸, 因號馬多山也."

289 『三國史記』卷19, 「高句麗本紀」第7 安藏王 條, "五年(532)冬十一月, 遣使朝魏進
　　良馬十匹.";『太平御覽』卷359, 「兵部」第90 障泥, "蕭方等三十國春秋曰, 高句驪
　　以千里馬生羆皮障泥, 獻于南燕, 燕王超大悅, 答以水牛·能言鳥.";『太平御覽』
　　卷895, 「獸部 馬」第7-3, "太上四年, 高麗使至, 獻美女十人·千里馬一疋."

290 『宋書』卷97, 「夷蠻列傳」第57 高句麗傳, "十六年(439), 太祖欲北討, 詔璉送馬, 璉
　　獻馬八百匹."

291 『太平御覽』卷897, 「獸部 馬」第9-5, "朝鮮之馬, 被髳踶齧, 能使其成騏驥者, 習之
　　故也."

292 『舊唐書』卷199, 「東夷列傳」第149 高句麗傳;『新唐書』卷220, 「東夷列傳」第145
　　高句麗傳, "殺牛馬者, 沒身爲奴婢."

생각했음도 보여준다. 한편, 말이 갖는 재화적 기능의 대표적인 것
은 재산[293] 및 전리품[294]으로 말이 활용된 것이다.

그런데 말과 관련하여 특이한 점은 말을 식용으로 썼다고 짐작
할 사료 기록이 없는 것이다. 소나 돼지는 제사의 제물이나 점복의
수단으로 활용되어 제사나 점복이 끝난 후에 이들을 식용했음을
유추하는 것이 어렵지 않으나 고구려에서 말은 그러한 것을 추론
할 예가 없다.[295] 말을 소유한 자가 죽었을 때 말을 죽여 함께 묻거

---

293 『北史』卷94, 「列傳」第82 高句麗傳, "取死者生時服玩車馬置墓側, 會葬者爭取而
去."

294 『三國史記』卷21, 「高句麗本紀」第9 寶臧王 條 ; 『唐會要』卷95, 高句麗, "貞觀十九
年(645)四月, 獲馬五萬匹 · 牛五萬頭 · 明光鎧萬領, 它器械稱是." 이러한 내용
과 유사한 사료로 『新唐書』卷220, 「東夷列傳」第145 高句麗傳, "소와 말을 죽인
자는 노비로 삼는다. … 男建이 군사 5만으로 扶餘[城]을 습격하자, [李]勣은 薩
賀水 위에서 그를 쳐부수어 5千級의 머리를 베고, 3만명을 포로로 사로잡았다.
器械와 소와 말도 이에 맞먹었다. 진격하여 大行城을 탈취하였다(殺牛馬者沒
爲奴婢…男建以兵五萬襲扶餘, 勣破之薩賀水上, 斬首五千級, 俘口三萬, 器械牛
馬稱之. 進拔大行城)." ; 『通典』卷186, 「邊防 東夷」第2-下 高句麗傳, "가축에는
소와 돼지가 있다. …노획물은 말이 5만필, 소가 5만두, 甲이 1만벌이다(畜有牛
豕…(645)獲馬五萬匹, 牛五萬頭, 甲一萬領)." ; 『太平寰宇記』卷173, 「四夷 東夷」
第2-2 高勾驪國傳, "소와 말이 피했다…가축에는 소와 돼지가 있다. …말갈인 3
천인을 구덩이에 묻었다. 획득한 말은 5만필, 소는 5만두, 갑은 1만개이다(牛
馬避之…畜有牛豕…獲馬五萬匹, 牛五萬頭, 甲一萬領)." ; 『册府元龜』卷126, 「帝
王部」第126 納降, "말갈인 3천 3백인, 구덩이에 파묻어 죽였다. 말은 5만필 획
득하고 소는 5만두, 광명갑은 1만개를 얻었다(收靺鞨三千三百人, 盡坑殺之, 獲
馬五萬匹, 牛五萬頭, 光明甲一萬領)."

295 북방민족들이 말을 죽여 제사를 지내는 것과는 구별되는 양상이다. 오환을 예
로 들면, 그들은 죽은 자가 타던 말과 옷가지, 살았을 때의 복식을 취하여 모두
태워서 장송한다고 한다(『三國志』卷30, 「魏書 烏丸鮮卑傳」第30 烏丸傳, "肥養
犬 以采繩嬰牽, 并取亡者所乘馬 · 衣物 · 生時服飾, 皆燒以送之.").

나 제사 지내지 않고 주변인이 나눠가지는 것으로 보아서 더욱 그러하다.[296] 다만, 기록에 없다고 해서 말을 전혀 식재료화하지 않았다고 볼 수는 없기 때문에 섣부르게 고구려인들이 말을 식용화하지 않았다고 주장하기란 어렵다. 말고기를 식용화하지 않아도 말을 많이 길렀을 때 얻을 수 있는 말젖이 고구려에서 식재료로 활용되었을 가능성은 충분하다. 말젖은 우유와 같이 락으로 활용될 수 있는데, 영양을 담보한 발효음료나 고체 유제품으로 만들 수 있으므로 고구려인들은 그것을 활용하였을 가능성은 충분하다고 짐작할 수 있다.

고구려인들이 사육한 세 번째 가축은 돼지이다. 돼지는 소나 말과는 달리 특별한 역할이나 기능을 하는 가축은 아니다. 그러나 어떤 의미에서는 돼지가 이들 가축보다 훨씬 더 일반적인 고구려인들의 삶에 유관한 동물이라고 할 수 있을 것이다. 그 이유는 다음과 같다.

> 유리왕 3년(서기 전17) 7월 왕은 그 말을 듣고 말을 채찍질하여 따라갔으나 치희는 성을 내고 돌아오지 않았다.… 11년(서기 전9) 여름 4월 부분노의 공을 생각하여 왕이 이에 황금 30근과 좋은 말 10필을 내려 주었다.… 19년(서기전 1) 가을 8월에 제사지낼 돼지가 달아났다.… 21년 봄 3월에 하늘에 제사지낼 돼지가 달아났다.… 신이 돼지를 쫓아 국내 위나암에 이르니……[297]

---

296 『北史』卷94,「列傳」第82 高句麗傳, "取死者生時服玩車馬置墓側, 會葬者爭取而去."
297 『三國史記』卷13,「高句麗本紀」第1 琉璃王 條, "三年(서기전 17) 七月 王聞之,

산상왕 12년(208) 겨울 11월에 하늘에 제사지낼 교시(郊豕)가 달아났
다.[298]

전게한 사료는 제사와 관련된 내용이다. 이때의 돼지는 특별히
제사의 희생제물로서 관리되는 돼지이다. 제사를 지낼 때 쓰이는
제물은 앞서 살펴본 소가 있었는데, 돼지 또한 소와 같은 희생제물
로서 기능하고 있었다. 이러한 희생재는 앞서 밝혔듯 자연스럽게
제사 참가자들의 '식사'로 귀결되기 때문에 희생재는 곧 식육재라
고도 볼 수 있을 것이다.

이밖에도 돼지가 소나 말과는 다르게 고구려인들에게 특별한 의
미를 갖는 이유는 고구려의 몇 안 되는 빙례용품[299]으로서 활용되
기 때문이라고 생각된다. 빙례란 혼례에서 물품을 선사하는 의례
를 뜻하는데, 본래 고구려인들은 특별한 혼수를 주고받지 않는다.
다만 남자 집에서 돼지고기와 술을 보낸다고 한다. 즉, 돼지고기와
술이 혼인의 빙례로 혼인 당사자 및 하객들에게 나눠지게 되는데,
우리 민족이 돼지고기를 잔치음식으로 쓰는 연원을 고구려 관련
기록에서 확인할 수 있다. 또한 빙례를 돼지고기로 치르는 이유는

策馬追之, 雉姬怒不還.…十一年(서기전 9)夏四月…王乃賜黃金三十斤・良馬
一十匹.…二十八年春三月, 乃往礪津東原, 以槍插地, 走馬觸之而死.…十九年
(서기전 1)秋八月, 郊豕逸.…二十一年春三月, 郊豕逸.…臣逐豕至國內尉那巖…
二十八年(9)秋八月…辱之以牧馬, 故不安而出."
298 『三國史記』卷16,「高句麗本紀」第4 山上王 條, "十二年(208)冬十一月, 郊豕逸."
299 『北史』卷94,「列傳」第82 高句麗傳;『隋書』卷81,「東夷列傳」第46 高句麗傳;『册
府元龜』卷959,「外臣部 土風」第4-1 高句驪傳;『太平御覽』卷783,「四夷部 東夷」
第4-4 高句驪傳, "有婚嫁, 取男女相悅卽爲之. 男家送猪酒而已, 無財聘之禮."

서민층 고구려인들도 사육하는 가축이 돼지였기 때문으로 생각된
다. 소나 말의 경우 돼지에 비해서는 보유하기 어려웠을 뿐만 아니
라 다양한 쓰임새로 가치가 높기 때문에 서민층이 그것을 다수 사
육하기란 부유층에 비해 어려웠을 것이다. 설사 사육하고 있다고
하더라도 도축하여 식육재로 활용하기란 더욱 쉽지 않았다고 여겨
진다. 그래서 고구려인들은 그들이 기르는 가축 가운데 가치가 있
지만, 소나 말에 비해 식육재로 활용해도 큰 부담이 없는 돼지로
음식을 만들어 빙례품으로 보냈다고 이해된다.

이와 같은 소와 말, 돼지 외에도 고구려인들이 기른 가축 가운
데는 개와 양, 닭이 있다. 개를 기르는 목적에는 집이나 가축을 지
키려는 목적, 사냥의 보조적 목적, 식용의 목적, 털 등을 얻으려는

그림 32 장천 1호분 앞방 오른쪽 벽 수렵도 속 사냥개

목적 등 다양하였을 것이다. 특히 사냥이 잦았던 고구려의 특성 상 개의 활용은 많았을 것으로 생각된다. 무용총 수렵도 및 안악 3호분 육고도, 장천 1호분 수렵도(그림 32)[300]에 나타난 개의 모습 은 고구려에서의 개 사육을 분명히 확인해주고 있으며, 고당전쟁 으로 불타죽은 가축 가운데 개가 많았음을 알 수 있는 문헌사료[301] 에서도 개 사육이 증명된다. 한편, 부여에서는 관직명에 구가(狗 加)[302]를 둠으로써 개와 관련된 오랜 연원과 개 및 개 사육이 갖는 중요성을 나타냈다고 생각된다. 부여사회에서의 개를 중요시하는 풍조는 부여의 별종[303]인 고구려인들에게도 공통적으로 보이는 양 태였을 것이다.

양은 고구려의 산지와 택지가 많은 환경 때문에 먹이로 삼을 목 초지가 부족하여 고구려인들이 유목종족과 같이 대규모로 목축했 다고 보기 어렵다. 그러나 고구려에 부용(附庸)된 선비, 거란, 말갈 등에게는 중요한 가축이었고 이들은 양을 많이 길렀기 때문에 이 들 종족의 부용화 이후 고구려인과 접촉 또는 매매, 전리품[304] 등으

---

300 국립문화재연구소 웹페이지, 북한문화재자료관 고구려 고분벽화_장천 1호분
    수렵도 이미지(http://north.nricp.go.kr/nrth/kor/inx/index.jsp).
301 『册府元龜』卷117,「帝王部 親征」第1-2, "燒死者萬餘人, 牛馬犬彘不可勝數."
302 『三國志』卷30,「魏書 東夷傳」第30 夫餘傳;『後漢書』卷85,「東夷列傳」第75 夫餘
    傳;『晉書』卷97,「東夷列傳」第67 夫餘傳;『通典』卷185,「邊防 東夷」第1-上 夫餘
    傳;『册府元龜』卷959,「外臣部 土風」第4-1;『册府元龜』卷962,「外臣部 官號」第
    7;『太平御覽』卷726,「方術部 牛蹄卜」第7;『太平御覽』卷781,「四夷部 東夷」第
    2-2 夫餘傳;『翰苑』,「蕃夷部」夫餘, "有馬加·牛加·豬加·狗加·大使·大使
    者·使者…女家欲得, 輸牛馬乃與之…有軍事亦祭天, 殺牛觀蹄以占吉凶."
303 『三國志』卷30,「魏書 東夷傳」第30 高句麗傳, "東夷舊語以爲夫餘別種."
304 광개토대왕비釋文 1면, "永樂五年(395), 歲在乙未, 王以碑麗不歸□人, 躬率往

로 다양하게 고구려인의 사회와 삶에 영향을 주었을 가능성이 있다. 이러한 내용을 증명하는 것은 덕흥리 벽화고분의 묘지명이다. 묘주인 진(鎭)은 "소와 양을 날마다 먹을 수 있다."라는 내용을 기록하였는데,[305] 이는 소와 마찬가지로 묘주의 부유함과 특별함을 과시하는 내용이라 생각된다.

　마지막으로 닭[306]의 경우 고구려에서 어떤 종류의 닭을 길렀는지 불분명하다. 그러나 사육의 용이함, 문헌사료에 나타나는 내용 등으로 고구려에서 닭의 사육이 있었음을 확인할 수 있다.

討, 過富山負山, 至鹽水上, 破其三部(族), 六七百營, 牛馬群羊, 不可稱數, 于是旋駕, 因過襄平道, 東來口城, 力城, 北豊, 王備獵, 游觀土境, 田獵而還. 百殘, 新羅, 舊是屬民."

305 덕흥리 벽화고분 묘지명(408), "造欑萬功日煞牛羊酒 米粲不可盡掃旦食鹽豉食一椋記."

306 『新唐書』卷220,「東夷列傳」第145 高句麗傳 ;『册府元龜』卷125「帝王部」第125, "帝聞城中鷄彘聲, 日圍久, 突無黔煙. 今鷄彘鳴, 必殺以饗士, 虜且夜出."

Ⅲ. 육류음식의 제조와 향유

1. 불화식不火食의 육류 음식

불길로 조리하지 않은 육류는 날 것 그대로를 먹거나 가공하여 먹을 수 있다. 갓 도살한 신선한 육류는 생으로 먹을 수 있으며 간혹 비린 맛을 제거하거나 좀 더 풍미를 돋우기 위해서라면, 여러 양념이나 장류를 첨가해서 먹을 수도 있을 것이다. 그러나 육류는 부패가 빠르기 때문에 매번 그렇게 먹을 수 없다. 불길로 요리하지 않은 상태에서 육류를 음식화하는 방법은 말리거나 절여 발효시키는 것이다. 이렇게 만드는 육류 음식은 저장하기 수월해서 일상에서 고구려인들 많이 활용한 요리방법이었다고 생각된다.

먼저, 건조시켜 만든 육류 음식은 포(脯)[307]다. 본래 포는 일반적으로 태양열로 건조시키는 방법이나 자연통풍 또는 목재를 연소시켜 얻은 열과 연기로 식재료를 건조시키는 방법 등이 사용된다. 이렇게 건조시키는 방법은 식재료를 장기간 보존할 수 있을 뿐만 아니라 부피와 중량을 감소시켜 저장하는 장소를 적게 차지하고 식재료를 이동시킬 때 간편하다는 장점이 있다.[308] 이렇게 건조시킬

---

307 『說文解字』卷5,「肉部」, "脯, 乾肉也." 한편, 말린 고기를 뜻하는 또 하나의 글자는 석(腊)이다. 『說文解字』(卷5,「肉部」, "腊(腊)冬至後三戌, 臘祭百神. 从肉巤聲.")에서는 腊에 대해 동지 이후 三戌에 모든 신에게 제사를 지낼 때 사용된 고기로 『釋名』(卷4,「釋飮食」第13, "腊, 乾昔也.")에는 말린 고기라고 설명되었다.

308 전재근,「식품의 건조기술」,『식품과학과산업』12-2, 한국식품과학회, 1979, 15쪽.

때 소금이나 장즙 등을 첨가[309]하여 말린다면 부패를 막는데 도움이 될 뿐만 아니라 풍미를 더하는 음식이 된다.

　연기나 열에 그을려 말리는 것을 훈연음식이라 하는데 모든 육류가 재료화 될 수 있다. 고구려의 음식 소비에서 이러한 내용을 짐작할 수 있게 하는 자료는 안악 3호분의 '육고도(肉庫圖, 그림 18)'이다.[310] 육고도 안쪽에는 '경옥(京屋)'이라는 한자가 쓰여져 있어 고구려 특유의 다락창고인 부경(桴京, 그림23 · 24)의 일종임을 알 수 있다.[311] 사냥을 통해 잡은 사슴이나 노루, (멧)돼지 및 몇몇 고기를 걸어놓았는데 소금을 뿌려 건조시키는 것이거나 훈연의 과정을 거친 후 걸어 보관하였을 가능성도 있다고 생각된다.

　절여서 발효시키는 육류는 육장(肉醬)이라고 한다. 육장은 고대에 상당히 많았다. 한나라 때 『급취장急就章』에서도 나타나지만 곡장뿐만 아니라 육장, 니장 등 다양한 장이 있었고[312] 특별히 '해(醢)'라고 칭했다. 또한 서늘하게 먹는 음식[313]이기 때문에 불로 조리하는 것이 아닌 날 것 상태로 요리하는 것이다. 『설문해자說文解字』[314]에서 "장은 육장(醢)[315]인데, 고기를 항아리에 넣고 장이 섞인 술로

---

309 『釋名』卷4,「釋飮食」第13, "脯, 炙以餳密豉汁淹之, 脯脯然也."

310 박선희, 앞의 책, 2002, 36쪽.

311 국립문화재연구소 웹페이지, 북한문화재자료관 고구려 고분벽화_안악 3호분 이미지(http://north.nricp.go.kr/nrth/kor/cul/cul_view.jsp).

312 『急就章』卷2, "장은 콩으로써 밀가루를 합하여 (발효)되도록 한다. 고기로써 담가지는 것을 해라고 하고 뼈가 붙어있으면 니(뼈 섞인 젓)라고 하는데 장차 장이 된다(醬, 以豆合麴而爲之也. 以肉曰醢, 以骨曰臡, 醬之爲言將也)."

313 『禮記』卷8,「內則」第12, "장은 가을철에 견주어 서늘해야 한다(醬齊視秋時)."

314 『說文解字』卷15,「酉部」醬, "醢也. 从肉酉. 酒以龢醬也."

315 『說文解字』卷15,「酉部」醢, "醢, 肉醬也."

서 담근다."라고 설명했다. 장을 설명한 '해'를 『석명釋名』에서는 "해
는 크고 넓으며 그윽하다. 진흙을 빽빽하게 발라 봉하여 어둡게 해
숙성시킨다. 많은 즙이 있는 해를 혜(醯)라고 하며, 혜는 즙을 내는
것이다. 송인(宋人)과 노인(魯人) 모두 즙을 심(瀋)이라 말한다."[316]
라고 설명하고 있다.

이렇듯 장은 고기류를 항아리에 넣고 소금이나 술 또는 술과 관
련된 양념류 등으로 절여 발효시키는 음식이라 할 수 있다. 처음 장
이 어떻게 만들어졌는지를 추정해보면, 사냥을 통해 잡은 야생 동
물과 조류 등의 사냥감을 저장하기 위해서였을 것이다. 사냥감을
손쉽게, 오래 저장하기 위해 소금이나 술 등에 절이는 방법이 있었
으리라 생각된다. 이와 같이 절이는 과정에서 발효[317]되어 고기류
가 발효되기 전과 다른, 새로운 풍미를 자아내게 되자 장은 '육장'이
란 음식으로서 발달되게 되었을 것이다. 이미 "선장양(善藏釀)"[318]이
라는 평가를 받은 바 있는 고구려인들이 그들의 생활 속에서 얻는
육류를 보다 맛있게, 그리고 오래 보관하기 위해서 장류로 만드는
것은 당연하다고 여겨진다.

---

316 『釋名』卷4 「釋飮食」第13 醢, "醢, 海也, 冥也, 封塗使密冥乃成也. 醢多汁者曰
醯 ; 醯, 瀋也. 宋魯人皆謂汁爲瀋. 醢有骨者曰臡, 如吮反臡胒也, 骨肉相搏胒
無汁也."

317 육류의 발효는 단백질이 젖산균에 의해 발효되는 것인데 인간의 소화효소로
분해되지 않는 고분자 물질을 분해하여 영양가를 개선하고 향미를 증진시키는
것이다. 일반적으로 발효음식은 어느 정도 소화가 진행된 음식과도 같아 쉽게
소화, 흡수될 수 있는 먹거리여서 이를 먹으면 체하지 않는 이유가 된다(성락
춘,『인간과 식량』, 고려대학교 출판부, 2007, 670~671쪽).

318 『三國志』卷30, 「魏書 東夷傳」第30 高句麗傳, "그 나라 사람들은 깨끗한 것을 좋
아하며, 발효음식을 잘 만든다(其人絜淸自喜, 善藏釀)."

그러나 고구려에서 육장을 담갔다는 직접적인 기록이 나온 바는 없다. 다만, 사냥이나 목축에 능했던 고구려에서 동물의 고기나 내장 등을 이용한 육장이 발달했을 가능성은 매우 크다고 추측된다. 당시 소금의 이용이 컸던 점도 이를 뒷받침하는데 고구려는 동옥저 등의 동해안을 비롯하여 압록강 하구 및 서해안, 요동반도의 일부 해안가 등을 점령하여 소금을 얻을 수 있었기 때문이다. 또한 고구려에서 출토되는 유물 가운데에 많은 수량으로 발견되는 항아리 및 한 벌로 추정되는 항아리들 또는 한 벌로 출토되지는 않아도 항아리를 덮을 만한 크기의 토제 뚜껑들이 발견되는 점 등은 이러한 육장이 담가졌다는 추정을 가능하게 한다. 이것은 육류에 소금 등을 첨가해 담근 후 항아리에 넣어져 보관됨을 이해할 수 있도록 하

그림 33 고구려 유적 출토 다양한 항아리들

그림 34 고구려 유적 출토 여러 토제 뚜껑들

는 인소로 기능할 수 있으리라 생각된다(그림 33[319], 34[320]).

2. 불로 가공한 육류 음식

불로 가공한 음식은 불에 식재료를 굽거나 삶아서 음식으로 조리한 것이다. 먼저, 굽는 방법은 여러 가지이나 대표적인 것은 직접 굽기(燔), 싸서 굽기(炮), 나뭇가지 등에 꿰어 굽기(炙)[321]이다. 이러한 방법 가운데 문헌에서 확인된 바로는 고구려에서 꿰어 굽는 적법이 유명했다. 적의 본래적 뜻은 불 위에 식재료를 놓고 굽는 것[322]이지만 긴 막대에 꿰어 돌리면서 굽는 형태를 취한다.[323] 특히 적은 미리 양념을 해서 굽기 때문에 찍어먹는 장이 별도로 필요하지 않았다.[324]

---

319 吉林省文物考古硏究所 · 集安市博物館 · 吉林省博物院 編著, 『集安出土高句麗文物集粹』, 科學出版社, 2010, 21쪽(그림33의 가운데 항아리) · 25쪽(그림33의 왼쪽 항아리). ; 경기도박물관, 『우리 곁의 고구려』, 경기도박물관, 2005, 197쪽 (그림33의 오른쪽 항아리, 항아리의 口徑과 크기가 비슷한 뚜껑을 덮어본 모습 참조).

320 吉林省文物考古硏究所 · 集安市博物館 · 吉林省博物院 編著, 위의 책, 32쪽(그림34의 왼쪽 이미지) ; 경기도박물관, 위의 책, 127쪽(그림34의 오른쪽 이미지)

321 篠田統 저 · 윤서석 역, 『중국음식문화사』, 민음사, 1995, 30쪽.

322 『說文解字』卷11,「炙部」, "炙, 炮肉也. 从肉在火上. 凡炙之屬皆从炙." ; 『釋名』卷4,「釋飮食」第13, "炙, 炙也, 炙於火上也."

323 敖桂华,「炙漫谈」, 『井冈山师范学院学报』22, 井冈山师范学院, 2001 ; 张凤,「汉代的炙与炙炉」, 『四川文物』2011-2, 四川省文物局, 2011, 58~60쪽.

324 『儀禮』卷9,「公食大夫禮」第9, "凡炙無醬."

이러한 적 가운데에는 맥적(貊炙)[325]이 있다. 고구려계 사람들의 대표적인 육류음식으로 여겨진 맥적은 후한시대[326] 및 위진시대에 중국에서 크게 유행[327]하였고, 이때 잘게 자른 중국식 적과는 달리 통째로 구운 것이 특징이다. 학자들에 따라 맥적이 처음에는 통구이 형태를 취했으나 이후 지금의 불고기와 같았을 것이라고 추정하는 내용도 있지만[328] 진대(晉代)의 『동궁구사東宮舊事』에서 맥적을 담은 그릇의 크기가 여전히 컸다고[329] 하는 것으로 보아 맥적은 분절하지 않고 굽는 것이었다고 생각된다. 따라서 한입 크기로 잘려진 것은 아니며 계속 『석명』에 설명된 것처럼 각자의 칼로 잘라먹어야 했을 것이다.[330]

---

325 『釋名』卷4, 「釋飮食」第13, "貊炙, 全體炙之, 各自以刀割出於胡貊之爲也."

326 『釋名』(卷4, 「釋飮食」第13, "貊炙, 全體炙之, 各自以刀割出於胡貊之爲也.")이란 말의 어원을 설명하는, 일종의 漢代 일상용어 어휘집이라 할 수 있는데, 위와 같은 『석명』의 기록에 따르면 이미 漢代에 맥적이 존재했으며 식재료를 통째로 구워 각자의 칼로 잘라먹는 '통구이 음식'이라는 것을 알 수 있다(박유미, 앞의 글, 2013, 38쪽).

327 『搜神記』卷7, "胡床貊盤, 翟之器也. 羌煮貊炙, 翟之食也. 自太始以來, 中國尚之. 貴人富室, 必留其器, 吉享嘉賓, 皆以爲先. 戎翟侵中國之前兆也."

328 이성우, 『고대한국식생활사연구』, 향문사, 1992, 213~214쪽.

329 『太平御覽』卷758, 「器物部」第3 盤, "東宮舊事曰, 長槃五, 漆尺槃三十, 漆柏炙拌二(拌, 音與槃同)." ; 『太平御覽』卷758, 「器物部」第5 炙函, "東宮舊事曰, 漆貊炙大函一具." ; 「기물부」盤에 나타나는 '柏炙'은 貊炙이라 볼 수 있다. 貊은 문헌에서 貉, 貃으로 쓰이는데 唐代의 문헌인 『群書治要』(卷14, 「漢書二」, "彭吳穿穢柏(柏作貊), 朝鮮置滄海郡, ….")에는 貊을 柏이라 기록하였다. 柏은 柏의 이체자이므로 柏은 貊이라고 할 수 있으며 중국의 음식기구를 연구한 張景明과 王雁卿 또한 "漆柏炙拌"을 "漆貊炙盤"이라 이해하고 있다(张景明·王雁卿, 『中國飮食器具發展史』, 上海古籍出版社, 2011, 173쪽). 貊炙函에 '大'자가 붙은 것은 그것이 일반적인 용기보다 컸음을 의미한다.

330 각주 326 참조.

이러한 음식 조리법을 유추할 수 있는 내용이 『삼국사기』의 산상왕 조에 기록되어 있다. 고국천왕의 사망 후 왕후 우씨가 시동생인 연우의 집에 갔을 때를 묘사한 내용에 육류음식을 먹는 방법이 나타나 있는 것이다.

> 연우가 더욱 예의를 차리며 친히 칼을 잡고 고기를 썰다가 잘못하여 손가락을 다쳤다.[331]

위의 내용을 통해 고구려에서 육류음식을 손님에게 내놓을 때 고기를 잘게 썰어 내는 것이 아니라 큰 덩이로 냈음을 알 수 있다. 그리고 손님에게 주인이 직접 또는 시중인이 잘라주는 방법을 취했음을 짐작할 수 있다. 위의 인용글에서는 왕후가 연우보다 공적·사적으로 모두 신분이 더 높고 존귀했기 때문에 집주인인 연우가 직접 우씨에게 고기를 썰어 대접한 것으로 볼 수 있다.

또한 무용총 벽화고분의 접객도에서도 육류 음식이 큰 덩이로 나왔음을 유추할 수 있다. 무용총 널방 앞벽에 그려진 장면에는 묘주와 손님 외에도 시중인이 등장한다(그림 35)[332]. 이때 시중인은 손에 작은 칼을 잡고 있는데, 이것은 육류음식이라고 여겨지는 음식이 큰 덩이로 나왔고 시중인이 식사 직전이나 식사 도중에 칼로 잘라 먹기 좋게 수발을 들고 있음을 짐작할 수 있게 한다.

---

331 『三國史記』卷16, 「高句麗本紀」第4 山上王 條, "延優加禮, 親自操刀割肉, 誤傷其指. 后解裙帶 裏其傷指."

332 국립문화재연구소 웹페이지, 북한문화재자료관 고구려 고분벽화_무용총 연음도 이미지(http://north.nricp.go.kr/nrth/kor/inx/index.jsp)

그림 35 무용총 널방 앞벽의 접객도

이와 같은 맥적류의 통구이나 큰 덩이의 육류가 요리되어 쓰일 때는 주로 잔치를 열 때이거나 함께 모여 큰 제사를 지낼 때였을 것이다. 먼저, 잔치는 왕실연회부터 집안에서 열리는 연회까지 생각해볼 수 있다. 특히, 혼인과 같은 중대행사는 작게는 가족 잔치행사이자, 넓게는 마을 공동체의 잔치라고 여겨진다. 그러므로 앞서 설명한 혼례 빙례품인 돼지고기를 불에 굽는 형태의 적(炙) 등으로 하여 공동으로 나눠 먹는 양태를 취했을 수 있다. 또한 제사는 고구려인들이 본래부터 잘 지낸다는 기록도 있는데[333], 고구려인들에게 가장 큰 제사는 10월에 열리는 국중대회인 동맹이다. 농업신적 성

---

333 『三國志』卷30,「魏書 東夷傳」第30 高句麗傳, "祭鬼神, 又祀靈星社稷."

격까지 갖는 시조신[334]인 주몽과 그 어머니 유화부인을 위한 제사를 치른다. 이때 제천제이자 조상신께 흠향하는 동맹제가 끝난 후 대중에게 제공되는 음식은 대부분 평소에는 잘 접하지 못하는 특별한 음식들이었을 것이다. 특히, 육류 음식들이 제공되었을 것이므로 고구려인들은 넓은 장소에서 함께 모여 만들어진 큰 덩이의 육류 음식을 스스로 잘라서 혹은 누군가가 자른 것을 나눠 먹었을 것으로 생각된다.

　다음으로 불로 물을 끓여 물이나 증기를 통해 식재료를 익혀서 음식으로 만드는 방법이 있다. 대표적인 방법이 자(煮)와 증(蒸)이다. 자는 팽(烹)이라고도 하는데 육류를 물에 넣고 끓이는 것이다.

그림 36 집안 출토 고구려 철솥

육류를 솥에 넣고 끓여 익히는 방법은 금속 솥이 보급된 이후의 보편화 되었을 것으로 추정되는데 토제 솥의 경우 솥의 질에 따라 흙냄새가 나기도 하기 때문에 그다지 선호되지 않을 것이다. 중국에서도 금

---

334 전덕제,『한국고대사회경제사』, 태학사, 2006, 62쪽. 동맹에서는 주몽의 어머니인 유화부인을 수신으로 모셔 제사지내므로 시조신에 대한 제사, 제천행사, 농경의례적 성격이 모두 포함되어 있다(『三國志』卷30,「魏書 東夷傳」第30 高句麗傳, "以十月祭天, 國中大會, 名曰東盟.…其國東有大穴, 名隧穴, 十月國中大會, 迎隧神還于國東上祭之, 置木隧于神坐.").

속제 솥이 아닌 토제 솥에 식재료를 넣고 끓인 음식을 하품으로 여겼다고 하기 때문에[335] 고구려의 경우도 이와 유사했으리라 추정된다. 그러나 철제 솥이 보급되면서 수육과 같은 음식이 자주 만들어져 고구려인들에게 향유되었으리라 이해된다(그림 36).[336]

중은 증기로 육류를 익히는 것인데, 시루를 이용하여 만든다(그림 37).[337] 육류를 물에 직접 닿지 않게 하고도 익혀 먹을 수 있는 방법이었다. 고구려에서 사용한 시루는 대체로 흙으로 만든 토제 시루를 사용했는데, 토제 시루로 음식을 요리할 때에는 시루 밑에다가 무언가를 놓고 재료를 올려놔 조리할 수도 있으므로 토제 솥과는 달리 흙냄새가 배지 않았다고 생각된다. 그러므로 시루를 사용하면 고급 육류음식을 만들 수 있었을 것이다. 이러한 시루는 고구려 유적에서 발굴된 내용으로 짐작해보면 현재 3~4세기 무렵부터 보편

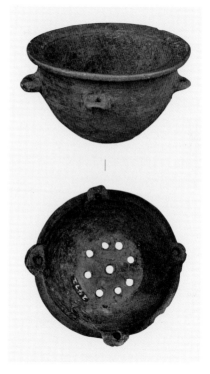

그림 37 집안 출토 고구려 시루

335 篠田統, 앞의 책, 31쪽.
336 吉林省文物考古硏究所·集安市博物館·吉林省博物院 編著, 앞의 책, 193쪽.
337 위의 책, 22쪽.

화되었을 것으로 여겨진다.[338] 하지만 고구려 건국이전에도 시루의 존재를 파악할 수 있으므로[339] 건국 초기 일부 계층에서만 시루가 꾸준히 활용되다가 점차 그 사용층의 범위가 확대되었다고 볼 수 있겠다.

---

338 사공정길, 「고구려의 취사용기와 취사방식」, 『고구려발해연구』49, 고구려발해학회, 2014.

339 박경신, 「高句麗의 炊煖施設 및 煮沸容器에 대한 一研究」, 『崇實史學』19, 崇實大學校史學會, 2006, 225~227쪽.

IV. 결론

이상으로 고구려의 육류음식문화에 대해 살펴보았다. 고구려 인들은 사냥과 가축 사육을 통해 육류의 식재료를 획득하였다. 사냥은 고구려인들에게는 국초부터 생명과 직결되었다고 할 수 있는데, 식량의 부족함을 들짐승을 사냥하는 등의 활동으로 보충 해야 했기 때문이다.

그런데 고구려인들에게 사냥은 사육한 말과 개 등의 가축을 활 용하는 활동이기도 했다. 고구려의 벽화고분에 드러난 다양한 사 냥의 양상은 대부분 말을 타고 진행하는 것이며, 개가 사냥을 보조 하는 존재로서 등장한다. 즉, 고구려인들의 사냥 발전과 가축 사육 은 그 궤를 같이하고 있음을 알 수 있는 것이다.

또한 가축의 사육 자체가 농업의 발전과 공존하며 발달되는 것 이기 때문에 농업이 발달하는 과정 속에 목축도 확대되고 보편화 된다. 따라서 고구려에서 가축의 사육이 상당했다면 그것은 곡물 의 생산량도 증대했다는 것이고 고구려인들을 부양할 만큼의 생산 량이 있었음을 방증한다고 볼 수 있다. 따라서 곡물로 식량을 충분 히 공급할 수 있다면 육류는 곡물의 보완적 입장에서 벗어나 특별 한 영양을 공급하는 특수음식으로 기능할 수 있을 것이다. 한편, 가 축의 사육이 많아져도 여전히 사냥을 통해 잡은 야생동물은 식육 재로서 큰 기능을 했으리라 보인다. 가축은 역축의 기능도 상당하 여 식육재로서만 기능하지 않기 때문에 야생동물처럼 대부분을 식 량화할 수 없기 때문이다.

고구려의 가축 가운데 소는 농사에 활용되는 역축으로 큰 기능을 하였지만 희생재로서 고구려인들을 통합시키는 제사에서 활용되기도 했다. 말은 전쟁을 위한 수단으로 국책으로 사육되었으며, 돼지의 경우 소, 말과 함께 고구려인들의 주요 가축으로 사육되었다. 소와 마찬가지로 제수용으로 마련된 돼지는 희생재로 활용되었는데, 수도를 천도하는 데에도 제사용 돼지가 역할을 하는 것으로 보아 고구려에서 돼지가 갖는 의미는 상당했을 것으로 이해된다.

여러 제사에 희생재로 바쳐진 소와 돼지는 제사에 참석한 이들에게 식사로 공유되었을 것이다. 제사에 참석한 이들과 함께 희생재를 공진(貢進) 후 함께 나누는 것은 신과 합일되는 것이며, 참가자들과 공통된 목적을 공유하는 것이다. 이것은 동질성과 응집성을 함양할 수 있는 행동이었다. 고구려인들의 국중대회이며 매년 10월 열리는 동맹에서 나누는 육류음식은 고구려인들에게 특별한 기억이 되었을 것이며 고구려인으로서 공통적으로 가질 수 있는 시간과 공감각을 미각적 차원에서 확인하였다고 생각된다.

하지만, 고구려의 육류음식은 모든 고구려인들이 날마다 즐길 수 있는 음식이 아니었다. 그 이유는 덕흥리 벽화고분의 묘주인이 쓴 묘지명을 통해 확인할 수 있다. 육류음식은 일상적으로 즐기는 것이라기보다 묘지명에까지 기록되는 일이었으므로 고구려인들은 특별한 일, 즉 앞서 살펴본 제사나 점복, 가정 및 마을 공동체의 잔치 날에만 이를 즐길 수 있었을 것이다.

결과적으로 고구려 육류음식은 고구려인들의 생활양식과 생산방식, 생활수준 및 신분에 따라 밀접하게 관련이 됨을 알 수 있었다. 고구려인들은 육류음식을 통해 특별한 날을 기념했으며 그것을 즐겼을 것이다. 제사를 통해 일체감을, 혼인을 통하여 기쁨을, 일상적인 육류음식을 먹으면서 부유함과 신분적 우월감을 표시하였다. 고구려인들에게 육류음식은 단순히 맛이 좋고 영양가가 풍부한 까닭으로 선호되는 것이 아니라, 때로는 식량 생산을 확대하기 위한 노력의 결과로, 사냥 기술 및 군사 기술의 발전을 나타내는 증거로, 동질성을 공유할 수 있는 제수품이자 계층성을 드러내는 경제재[340]로 기능했음을 알 수 있게 하는 사회문화적 요소였다고 파악된다.

---

[340] 재화를 획득하는데 있어 대가가 필요한 것을 경제재라고 한다(국립국어원 표준 국어대사전 웹서비스).

한국 고대의 두류 재배와 활용

I. 여는 글

현재 우리의 음식생활과 밀접한 관계를 갖는 두류(豆類)[341]에 대해 큰 관심이 집중되고 있다. 영양적 측면이나 전통적 측면에서 우수성이 논의되고, 그것에 대한 고유성이 강조되면서 두류에 대해 주목하고 있는 것이다. 두류를 활용한 여러 가지 음식은 우리의 전통적인 음식문화로서 자리매김 되었고, 한민족의 정체성을 담은 음식[342]으로 평가받고 있다.

사실 두류는 지금뿐만 아니라 예전부터 중요하게 여겨진 곡물이었다. 그 이유를 두 가지로 생각해볼 수 있다. 첫째, 두류는 고대 이래로 오곡(五穀) 가운데 하나이며 주곡(主穀)의 위치를 갖고 있는

---

341 두류는 콩, 팥, 녹두, 강낭콩, 동부 등과 같이 콩과에 속하는 작물이다(농촌진흥청,『농업용어사전』웹서비스). 이 글에서 두류는 선사시대부터 유체나 화분, 압흔 등으로 가장 많이 출토되는 콩과 팥을 지칭한다. 녹두와 같은 다른 두류는 비교적 콩과 팥에 비해 출토되는 시기가 비교적 늦게 비정되므로 이른 시기부터 쓰인 콩과 팥을 중심으로 두류의 쓰임에 대해 살펴보도록 한다.

342 김인술, 「전통밥상의 정체성과 장류의 의미」,『식품저널』185, 식품저널, 2012 ; 정재윤, 「우즈베키스탄 고려인의 음식문화 연구」,『재외한인연구』35, 재외한인학회, 2015.

곡물이었다. 두류는 이른 시기부터 식량자원으로 활용되었고 사람들은 이를 섭취하면서 물리적인 허기를 달래며 영양적 이점을 얻을 수 있었다. 두류는 사람들에게 부족하기 쉬운 단백질을 공급할 수 있는 곡물이기 때문에 두류를 활용한 음식은 일찍부터 발달하였다.

둘째, 두류의 재배는 까다롭지 않으며 일정한 소출을 기대할 수 있어 민생을 안정시키는 데 도움을 준다. 일반적으로 두류는 생장조건이 까다롭지 않은 것으로 알려져 있다. 강수량(需水量)을 상당히 요구하지만 내한성(耐旱性)이 강하고 재배기술의 상한선이 높지 않아 비교적 안전하고 여상히 재배할 수 있는 작물인 것이다. 또한 두류와 맥류의 생육조건을 이용한 윤작(輪作)과 간작(間作)이 가능하여 곡물의 소출을 증대시킬 수 있다.[343] 이와 같은 소출의 증대는 기민(飢民)의 배출을 예방하거나 적게 할 수 있으므로 민생을 안정시키는데 두류가 상당한 역할을 한다고 볼 수 있다. 즉, 두류는 음식생활과 음식문화, 농업의 생산량 제고, 정치적 측면에서 이로움을 주는 작물이라고 할 수 있다.

하지만 이러한 두류의 재배와 활용이 언제부터 이뤄지고 어떻게 고대인들에게 농업적 전통으로 계승되었는지에 대한 내용은 잘 알려져 있지 않다. 그런 까닭으로 이 글에서는 선사시대부터 고대의 두류 재배와 활용에 대해 살펴보도록 한다. 우리 민족의 터전이었던 만주와 한반도에서 언제부터 두류가 '경제적 식물'[344]로 이

---

343 최덕경, 「≪제민요술≫의 고려두 보급과 한반도의 농작법에 대한 일고」, 『동양사학연구』78, 동양사학회, 2002, 110쪽.

344 작물종 외에도 식용이 가능하거나 여러 용도로 사용될 수 있는 종들을 '경제적

용되었는지를 알아보고, 이어서 고대 두류의 생산과 활용이 고대인들의 음식생활에 어떻게 연결되어 있는지를 짐작해보려고 한다. 이것은 고대인들의 삶과 생활에 영향을 미친 식량자원의 생산과 이용의 음식문화를 이해하는 과정이라는 점에서 유의미하다고 생각된다.

식물종(economic plant species)'라고 이른다(이경아, 「한반도 신석기시대 식물자원 운용과 두류 작물화 검토」, 『중앙고고연구』15, 중앙문화재연구원, 2014, 48쪽).

II. 선사시대 두류의 이용 및 재배

선사시대부터 두류는 사람들이 이용할 수 있는 '경제적 식물종'으로 분류되었다. 신석기시대 조기 유적지에서 확인되는 두류는 이른 시기부터 선사인들이 야생 두류에 대한 정보를 습득하고 이용했음을 알려준다. 이것은 재배 기원지 논의와도 관련되어 있다. 현재 두류 재배 기원지와 관련하여 한반도가 콩의 기원지라는 주장을 비롯하여 중국 동북설·화북설·남방설, 다기원중심설 등 다수의 설들이 존재한다. 이에 대한 근거로 문헌이나 출토 유물 및 야생종과 재배종의 유전적 다양성 등을 들고 있다.[345]

실제로 중국에서는 만주지역 뿐만 아니라 여러 지역에서 이른 시기부터 대두(大豆) 유체가 발굴되고 있다. 이 가운데 우리 민족과 관련 있는 것은 중국 동북 지역이다. 흑룡강성 영안현 대모단둔(大牡丹屯)과 우장(牛場), 길림성 영길현 오랍가(烏拉街) 유적에서 출토된 대두는 약 3,000년 전의 것으로 추정된다.[346] 또한 대략 4,000~3,500년 전의 유적인 내몽고자치구 적봉시 이도정자(二道井子) 하가점 하층문화 취락 지역에서 대두 135립이 발굴되었다.[347]

---

345 이영호·박태식, 「출토유물과 유전적 다양성으로 본 한반도의 두류재배 기원」, 『농업사연구』5-1, 한국농업사학회, 2006, 20쪽.

346 孫永剛, 「栽培大豆起源与植物考古学研究」, 『农业考古』2013-6, 江西省社会科学院, 2013, 13쪽.

347 위의 글, 14쪽.

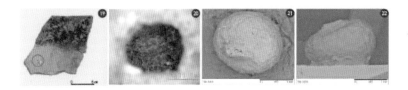

그림 38 양양 오산리 C지구 유적 토기 팥 압흔

한반도에서 출토된 두류 유체는 각각 신석기시대 조기로 추정되는 울산 세죽 유적 1호 수혈 및 B8둑 Ⅲ-3a층에서 나온 화분을 분석하여 검출한 콩과 초본류[348]와 양양 오산리 C지구 유적의 주거지 하부에 위치한 문화층 토기 내면에 있는 압흔을 복제하여[349] 동정된 팥이 가장 이른 시기 식물유체다(그림 38[350])[351].

---

348 국립문화재연구소a,『동아시아 고고식물 선사시대 한국편』, 국립문화재연구소, 2015, 521쪽.

349 현재 활용되고 있는 압흔 복제법은 90년대에 우시노 츠요시丑野毅에 의해 본격적으로 시작되었다. 그 방법은 이전의 육안관찰의 수준에서 벗어나 치과용의 실리콘을 이용해 복제품을 만들고, 이를 전자주사현미경Tabletop Scanning Electron Microscope으로 관찰해 상세한 동정을 한다. 이후 야마자키 스미오山崎純男와 히사 요우이치로우比佐陽一郎에 의해 문화재 복제에 알맞은 실리콘과 아크릴 수지 재료의 사용 등 압흔 복제법이 개량되었다(국립문화재연구소b,『한국 신석기시대 고고식물압흔분석보고서』, 국립문화재연구소, 2015, 17~18쪽, 17쪽 [그림 1] 참조).

350 국립문화재연구소b, 위의 책, 100쪽 [그림 45] GYO 34 참조.

351 주거지 하부에 위치한 문화층의 무문양 구연부편 내면에서 압흔이 확인되었다. 압흔은 타원형을 띤다. 표면에는 제 hilum, 臍와 유근부 radicle, 幼根部 가 돌출되어 있다. 제는 길이 0.85㎜, 폭 0.41㎜ 크기의 타원형으로 돌출한다. 길이 2.16㎜, 폭 1.84㎜, 두께 1.41㎜이다. 전반적인 형태적 특징으로 팥 Vigna angularis으로 생각된다(위의 책, 98쪽).

특히, 오산리 C지구 팥의 압흔을 통해 팥의 이용 가능성이 기존의 논의보다 약 2천년 일찍 나타난 것으로 확인되었다.[352] 이것은 동아시아에서의 팥 기원지 및 작물화 논의를 다각화시키는 것으로 주목된다.[353]

이와 같은 선사시대의 두류 유체 발굴은 선사인들이 두류를 작물화하기에 앞서 주변의 자생식물에 대한 정보를 알아내고 그것을 적극적으로 이용했다는 것을 알려준다. 본래 작물화되기 이전의 두류는 한해살이 풀[354]인 야생식물이었다. 야생식물인 두류를 식용화하고 그것을 작물화하기 위해서는 선사인들의 거주지에 야생콩과 팥이 자생하고 있어야 했다. 주요 콩과 식물[355]은 대체로 북위 30°~45° 지역에 분포하고[356], 생태환경에 대한 적응력이 커서 만주와 한반도 대다수의 지역에는 콩과 팥의 야생종이 많이 자생했을 것이다.[357] 두류 야생종의 분포지는 비분포지 지역보다 사람들이 그에 대한 생장 정보를 습득하기 용이하기 때문에 작물

---

352 국립문화재연구소b, 앞의 책, 104쪽.

353 이경아·윤호필·고민정,「선사시대 팥의 이용 및 작물화에 대한 고고학적 검토」,『한국상고사학보』75, 한국상고사학회, 2012, 181~182쪽.

354 주요 콩과 식물 중 돌동부는 남부지방에 자라는 여러해살이 풀이다(한반도 생물의 다양성 웹페이지 중 돌동부편 참조).

355 좀돌팥, 팥, 새팥, 돌동부, 돌콩, 콩(한반도 생물의 다양성 웹페이지 중 콩과 식물 참조).

356 孫永剛,「栽培大豆起源的考古学探索」,『中国农史』2013-5, 中国农业历史学会, 2013, 7쪽.

357 특히, 콩과 팥은 자랄 때 많은 물을 필요로 하므로 물의 공급이 원활한 지역에서 잘 자란다(김영묵·리돈·박인섭 등,「농업지리」,『북한지리정보』, 1990, CNC북한학술정보 웹서비스).

화로의 전환도 비교적 어렵지 않았을 것이다. 그래서 선사시대부터 만주와 한반도의 콩과 팥의 작물화는 그 가능성이 매우 높다고 할 수 있다.

아울러 두류의 야생종 순화와 재배종화는 단독으로 진행되지는 않았을 것이다. 신석기시대부터 두류 유체가 발굴되는 유적에서는 조와 기장, 벼나 맥류의 곡물유체가 함께 발굴된다.[358] 두류와 함께 동반 발굴되는 곡물 유체 가운데 가장 이른 시기부터 나타나는 곡물은 조와 기장이다. 조와 기장은 건조에 잘 견디고 생육기간이 짧으면서 수확량이 높은 곡물이므로 일찍부터 그 쓰임이 많았다. 중국 학계에서도 콩의 작물화를 논할 때 조와 기장의 작물화 여부를 함께 고려한다. 왜냐하면 중국 북방지역 한작(旱作)의 체계화 과정에서 두류 재배 기술이 제공되었다고 여기기 때문이다. 선사시대 주민들이 조와 기장을 재배하고 이용하는 과정 중에 지역의 생태환경을 이해하고, 두류와 같이 이용할 수 있는 식용 식물종에 대한 정보를 축적하였다는 것이다. 그리하여 점차 야생 두류의 분포지구를 이해하고 그 생장 습성을 얻었기 때문에 야생종을 순화하고 재배화하는 시도를 했다고 보고 있다.[359]

한반도의 두류도 야생종에서 순화과정을 거쳐 재배작물이 되었다. 경상북도 포항 원동 유적 Ⅳ구역 10호 주거지에서는 콩속 식물유체 약 1,800립 내외가 발굴되었다(그림 39).[360] 박태식과 이영호

---

358 국립문화재연구소a, 앞의 책, 627쪽 총괄일람표 참조.
359 孫永剛, 앞의 글, 8쪽.
360 국립문화재연구소a, 위의 책, 593쪽 1번 사진.

그림 39 원동 유적 출토 콩류   그림 40 원동 유적 출토 야생팥

의 분석 결과 이들 콩에서 야생종과 재배종의 중간 단계로 보이는
순화콩이 확인되었다.[361] 이곳에서는 야생팥(그림 40)[362]도 발굴되어
지역 주민들이 지속적으로 두류를 식량화하고 재배화한 노력과 결
과를 짐작할 수 있다.[363]

　그렇다면 두류가 선사시대부터 식용식물로 이용되며, 야생종
에서 순화종을 거쳐 재배화된 이유는 무엇일까? 조와 기장, 맥
류 등 다양한 곡물 자원이 있었음에도 불구하고 두류를 재배종

361　재배콩의 크기는 평균 길이가 7.15mm, 폭 5.37mm, 두께 4.72mm이고, 야생
　　콩과 재배콩 사이의 순화콩은 5립으로 평균 길이가 4.75mm, 폭 3.69mm, 두께
　　3.44mm이었다. (국립문화재연구소a, 앞의 책, 592쪽).
362　위의 책, 593쪽 9번 사진, 왼쪽 야생팥, 오른쪽 현존 야생팥 비교
363　사실 이 유적은 청동기 전기유적으로 역사적으로는 고조선시대에 속한다. 그
　　러나 선사시대부터의 이어지는 두류의 생장 정보 습득과 이를 바탕으로 한 작
　　물화의 시도가 지속되었기 때문에 순화콩이 나타날 수 있었다고 생각되어 선
　　사시대 부분에서 다룬다.

화한 이유는 여러 가지가 있지만 그 중의 하나가 영양적 문제였을 것이다.[364] 콩과 팥의 두류는 탄수화물 성분이 많은 다른 곡물과는 달리 단백질의 함유량이 높다.[365] 조, 기장 등의 탄수화물 공급원과 두류는 영양적으로 상호 보완적인 관계에 있는 것이다. 따라서 조와 기장, 쌀, 맥류의 이용이 높아질수록 두류의 활용이나 쓰임은 제한되지 않았고 오히려 그 필요성이 증대되었다고도 보인다.[366]

한편, 선사시대에 팥은 여느 곡물과는 다른 붉은 색이 갖는 특이성과 단맛을 가진다는 점에서 특별한 곡물로 여겨졌을 것이라 생각된다. 이런 까닭으로 선사시대에서 역사시대로 접어들 무렵

---

364 사실 농경으로의 전이 이전 수렵채집 집단은 계절별로 자연에서 얻을 수 있는 여러 가지 식물성 음식과 동물성 음식이 무엇인지 알고 있었다고 한다. 역사적으로 수렵채집 집단을 관찰한 일부 학자들은 문명의 수준이 크게 떨어지는 수렵채집 집단일지라도 자연에서 얻을 수 있는 음식에 관한 지식은 놀랍도록 잘 전수하고 있다고 보고했다(존 앨런 저·윤태경 역,『미각의 지배』, 미디어윌, 2013, 73쪽).

365 대두의 영양성분은 단백질이 20~45%, 지방 18~22%, 탄수화물 22~29%, 무기질 4.5~5%이다(한국식품과학회,『식품과학기술대사전』, 광일문화사, 2008, 콩 검색 웹서비스).
팥은 탄수화물이 많은데 그 35%는 전분이고 소당류나 다당류로 존재한다. 단백질은 콩류 안에서는 중간 정도의 함량이고 80%는 글로불린으로, 아미노산 조성으로는 cystine, methionine, tryptophan이 적다. 지방질함량은 적고 그 25%는 인지방질이며 식이섬유도 많다. 무기성분으로는 칼륨이 많고 비타민류로는 B1, B2, nicotinic acid, carotene 등이 많다. 특수성분으로는 사포닌이 포함된다(위의 책, 팥 검색 웹서비스).

366 김민구·류아라·김경택,「탄화작물을 통한 부여 송국리 유적의 선사농경 연구 : 제14차 발굴자료를 중심으로」,『호남고고학보』44, 호남고고학회, 2013, 23~24쪽.

이나 그 이후로도 팥은 벽사(辟邪)나 양(陽)의 기운을 갖는 곡물로 분류되었을 것이다.[367] 또한 팥이 갖는 약리적 활용[368]은 선사인들이 식용 식물종에 대한 정보를 습득하는 과정 중 알 수 있었을 것이라고 짐작할 수 있다.

---

367 강성복·박종익,「전북 장수·진안지역 팥죽제의 전승양상과 의미」,『남도민속연구』32, 남도민속학회, 2015, 22~27쪽 4장 팥, 팥죽제의 상징과 의미 참조.

368 팥물이나 팥가루의 섭취는 식중독이 걸렸을 때 독성을 배출하고, 신진대사를 촉진하거나, 두통을 완화시키는 작용이 있다. 출산한 후에도 도움을 주는 등의 다양한 기능이 있다(삼성출판사 편집부 저,『약이 되는 음식』, 삼성출판사, 2005, 55쪽·131쪽). 사실, 선사인을 비롯한 고대의 사람들이 팥의 약리성에 대해 정확하게는 알 수는 없었을 것이다. 그러나 오랫동안 팥을 이용하면서 이와 같은 효능이나 기능을 확인했을 가능성도 배제할 수 없다고 생각된다.

III. 고대 두류의 재배 및 활용[369]

고대에 이르러서도 두류의 재배화 노력을 계속되었으며 그 쓰임은 농경과 음식생활에서 중요했다. 서단산문화로 명명된 지역인 길림 영길현 대해맹(大海猛) 유적은 부여의 선

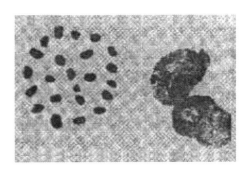

그림 41 대해맹 유적 출토 탄화대두

주민 문화로 이해된다. 이 유적에서 발굴된 탄화대두(약 2,600년 전, 그림 41)[370]는 교정연대측정으로 2655±120년, C[14] 탄소동위원소 연

---

369 이때의 고대는 고조선 이후 시기로, 여러 나라 중 고구려를 중심으로 살펴본다. 고구려와 백제는 음식이 같으며(『魏書』卷100, 「列傳」第88 百濟傳, "其衣服飮食與高句麗同."), 신라는 고구려 및 백제와 풍속이 같기 때문이다(『舊唐書』卷199, 「東夷列傳」第149 新羅傳, "其風俗·刑法·衣服, 與高麗·百濟略同.").

특히, 신라에 대한 기록에서는 음식에 대한 직접적 언급은 없지만, 삼국이 오랜 시간에 걸쳐 전쟁이나 교류 등을 통해 문화적 융합이 이뤄졌기 때문에 지역적 특색이 있는 음식은 다를 지라도 큰 틀에서의 음식생활은 다르지 않으리라 생각된다. 그 일례로 고구려가 장수왕 대에 한반도 중·남부로 진출한 상황을 들 수 있다. 이때 한반도 중·남부에 북방의 고구려 음식문화가 전달되었을 가능성이 크다고 짐작된다.

370 郭文韜, 「略论中国栽培大豆的起源」, 『南京农业大学学报』4-1, 南京农业大学学报 编辑部, 2004, 66쪽 圖4-2참조; 刘世民·舒世珍·李福山, 「吉林永吉出土大豆炭化种子的初步鉴定」, 『中國考古集成 - 東北卷8』靑銅時代(三), 北京出版社, 1997, 2441쪽.

대측정법으로 2590±70년에 속한다. 출토지에서 농업생산 공구인 돌도끼, 돌삽, 돌호미, 갈판과 갈돌 및 돼지뼈, 도저(陶猪) 등이 함께 출토되었다. 이것들은 탄화대두가 확실히 재배된 대두라는 것을 증명한다.[371] 이러한 대두의 재배는 부여와 부여의 별종으로 일컬어지는 고구려에서도 이뤄졌을 것이다.

이때, 고구려에서의 재배된 대두에 대해 알 수 있는 문헌자료가 있다. 그 내용은 아래와 같다.

> 황고려두, 흑고려두, 연두, 비두는 대두의 종류다.[372]

사료는 고구려와 동시대 존재한 북위(北魏)의 고양태수(高陽太守) 가사협(賈思勰)이 지은 현존하는 최고의 농서이자 요리서인[373] 『제민요술齊民要術』에 기록된 콩 관련 기록이다. 『제민요술』은 당대 호한(胡漢)농업을 집대성한 것으로 평가받는 농업서로[374], 다양한 작물의 종류와 유래, 재배법과 요리법에 대해 기록하였다. 이러한 책에 언급된 황색과 흑색의 '고려두(高麗豆)'는 '고려(高麗)'라는 국명이 들어간 대두였다.

실제로 『제민요술』에 소개된 대두의 종류 중 명확한 '국가명'이 들어간 것은 황색과 흑색의 고려두 뿐이다. 본래 대두의 명칭은 "오늘

---

371 郭文韜, 앞의 글, 66쪽.

372 『齊民要術』卷2, 「大豆」第6, "黃高麗豆, 黑高麗豆, 鷰豆, 䅣豆, 大豆類也."

373 최덕경, 「≪齊民要術≫에 보이는 動植物의 배양과 胡漢 農業文化의 融合」, 『중국사연구』62집, 중국사학회, 2009, 23~24쪽.

374 가사협 저·구자옥 외 역, 『역주 제민요술』, 농촌진흥청, 2006, 6쪽 ; 최덕경, 위의 글, 2009.

날 대두로는 백대두와 흑대두의 두 종류가 있으며, 장초와 우천이
라 부르는 것도 있다."[375]라는『제민요술』의 기록에서 알 수 있듯이
색이나 모양 등의 특징으로 지어진다. 융숙(戎菽) 등의 명칭도『제민
요술』에 등장하지만 이를 통해서 융숙이 유래된 지역을 유추할 수
있을 뿐이다. 그런데 유독 고려두만 정확한 국가명이 들어간 것은
황대두와 흑대두의 산지가 고구려임을 알려준다.[376] 이렇게 고구려
가 산지인 대두가『제민요술』에 기록된 것은 이것이 다른 대두보다
특별하거나 차별성이 있기 때문일 것이다. 그 이유를 고구려가 대
두의 기원지이거나 가장 많은 대두의 소비했던 지역 및 질량이 우
수한 대두가 생산된 지역[377]일 가능성에서 찾아볼 수 있다.

한편, 고대에 대두 재배가 일찍부터 많이 이뤄지는 것은 몇 가지
이유가 더 있었다고 생각된다. 앞서 살펴봤듯이 민생안정을 위해
콩이 중요하게 활용되기 때문이다. 그 이유는 서기 전 1세기에 편
찬된 농업서『범승지서氾勝之書』[378]를 통해 알 수 있다.『범승지서』에
"콩은 한 해에 걸쳐서 언제나 먹을 수 있어서 예전에는 이것으로 흉

---

375 『齊民要術』卷2,「大豆」第6, "今世大豆, 有白黑二種, 及長梢, 牛踐之名."

376 가사협이『齊民要術』을 쓸 당시 고려라는 국명을 가진 나라는 고구려밖에 없으
    므로 고려두는 고구려에서 비롯된 콩이 분명하다.

377 최덕경, 앞의 글, 2009, 4쪽.

378 『氾勝之書』는 산서성 황토 고원지대 즉, 20만년 전에 쌓였던 황토지대를 대상
    으로 하여서 일종의 건조농업지대 농업을 다룬 고대 농업서다. 전국시대 晉나
    라가 세워졌던 지역이기도 한 산서성은 연간 강우량이 고작 350~700mm 남짓
    할 뿐만 아니라 그나마 강우도 60% 이상이 여름 한철에 집중되는 곳이다. 즉,
    서기 전 1세기 무렵의 산서성 환경에 맞는 농사법을 쓴 책이『氾勝之書』인 것
    이다. 그러나 책은 원본이 소실되어 뒷날『齊民要術』등에 인용된 내용을 역인
    용하여 복원시켰다(범승지 저 · 구자옥 · 김장규 · 홍기용 역,『氾勝之書』, 농촌
    진흥청, 2007, 9쪽).

년에 대비하였다."[379]라고 기록되었다. 이로써 콩은 언제든 소출을 얻을 수 있는 작물이자 구황작물로서 활용 가능한 곡물임을 알 수 있다. 또한『관자管子』는 "콩과 조가 부족하면 말생(末生)[380]을 금할 수 없고, 백성은 반드시 굶주리게 된다."[381]고 하여 콩을 일찍부터 먹거리뿐만 아니라 정치적 민생안정에 필수적인 곡물로 뽑았다. 이러한 내용에서 고대의 콩 재배 및 수량 확보는 국가적으로 매우 중요한 사안이었음을 알 수 있다. 아무리 농업기술과 농기구를 발달시켜도 예상치 못한 기상 이변이나 재해가 있으면, 생산량에 큰 변화가 있던 당시의 농업 환경에서, 안정적인 생산량의 확보를 가능하게 한 콩의 재배와 식료(食料) 활용은 필수였다고 판단된다.

이와 같은 콩 재배의 중요성은 타 작물과 함께 재배 가능하며[382], 그 생산량도 늘려주는 역할을 수행할 수 있다는 점에서 배가 된다.[383] 이는 콩과 작물의 생물학적 질소 고정(biololgical nitrogen fixation)기능으로 지력이 유지되고 증강되는 것과 관련 깊다.[384] 토양을 보호하고 토지 이용도를 증대시키며, 농사와 관련된 노동력 분배의 합리화 및 농업경영의 안정성 증대[385] 등의 이점이 탁월한

---

379 『齊民要術』卷2,「大豆」第6, "氾勝之書曰, 大豆保歲易爲, 宜古之所以備凶年也."

380 『管子』의 본문 주해에 따르면 "末生謂以末業爲生者也."라고 하여 말업인 상업을 생업으로 하는 자라고 풀이할 수 있다(『管子』卷5,「重令」第15).

381 위의 글, "菽粟不足, 末生不禁, 民必有飢餓之色."

382 고대에 있었던 콩 작물과 타 작물의 혼작의 예를 보여준다(최덕경,「고대한국의 투田 경작법과 농작제에 대한 일고찰」,『한국상고사학보』37, 한국상고사학회, 2002, 22쪽 [圖4] 참조).

383 위의 글, 22쪽.

384 성락춘,『인간과 식량』, 고려대학교 출판부, 2007, 234쪽.

385 콩과 타작물과의 재배는 간작(한 가지 작물이 생육하고 있는 고랑 사이에 다른

것이다. 즉, 콩을 많이 재배하는 것은 콩의 생산량 증대는 물론 타 작물의 생산량 향상에도 영향을 끼칠 수 있다.

가축 사육과 관련되어서도 콩의 재배는 필수적이었다. 가축사육은 식육재로의 활용뿐만 아니라 농경관련 역축의 공급, 교통수단의 제공 등과 같은 여러 기능면에서 이점이 있다. 그렇기 때문에 고대인들은 식량생산과 사회발전을 위해 이로운 가축 사육의 증대를 꾀해야 했다. 이러한 가축 사육의 과정에서 콩과 그 부산물은 가축의 먹이로서 유용했을 것이다.[386]

음식생활적 측면에서 고대 두류의 활용은 밥류를 제외하고 병(餅)과 시(豉), 장(醬)의 장양(藏釀)으로 이뤄졌다고 생각된다. 일반적으로 병은 재배되는 곡물을 알곡 그대로 찌거나 찐 후 떡메로 쳐서 만드는 경우와 분쇄기구를 이용하여 곡물가루로 만든 후 찌는 등의 여러 방법으로 요리된다. 그런데 문헌의 부족으로 고대의 떡에 관련된 내용을 구체적으로 살펴보기는 어려운 실정이다. 다만, 일본 정창원 문서에 기록된 대두병(大豆餅)이나 소두병(小豆

작물을 재배하는 것), 혼작(생육기간이 거의 같은 두 종류 이상의 작물 동시에 같은 포장에 섞어 재배하는 것), 교호작(생육기간이 비슷한 작물들 교호로 재배하는 방식), 주위작(포장의 주위에 포장 내의 작물과 다른 작물을 재배하는 것) 등이 가능하다(성락춘, 앞의 책, 235~236쪽). 이러한 농경의 방법은 고대에도 발견된다. 한반도에서 발견되는 미사리, 진주 대평리 옥방 4지구나 6지구의 밭 흔적을 보면 긴 고랑 사이마다 소형 파종구가 보인다. 이 파종구는 땅을 다지는데 사용되는 목봉의 흔적이라고 하는 의견도 있지만 이 소형 파종구에 작물을 점종(点種)하여 길렀을 것이라고 추측된다. 대평리 유적에는 오곡의 유체가 모두 확인되며, 콩류가 파종구에 점종하기 가장 용이한 작물이었다(최덕경, 앞의 글, 2002, 14~22쪽).

386 오강원, 「서단산문화의 농경과 생업경제」, 『한국상고사학보』57, 한국상고사학회, 2007, 41쪽.

餅)을 통해 고대의 떡을 짐작할 수 있다.[387] 정창원 문서에 기록된 떡은 한국에서 전래된 떡의 영향을 받았다고 평가되기 때문에 이를 통해 고대의 떡을 살펴보기는 무리가 없을 것이다. 정창원 문서의 대두병과 소두병은 각각 그 명칭에서 알 수 있듯이 각각 콩과 팥을 이용한 떡이다. 곡물을 쳐서 끈기 있게 만든 후 콩과 팥을 고물로 활용하여 떡을 만들었음을 알 수 있다. 특히, 고려두란 고유한 대두 품종을 활용한 고구려에서 이러한 대두병과 소두병 떡을 잘 만들었을 것으로 짐작된다. 이러한 고구려 떡에 대해 일본은 박병(狛餅)[388]이라고도 기록하였다.

두류로 만들어진 고대 음식에는 시와 장이 있다. [표 3]은 고려시대 이전까지 시와 장이 언급된 문헌의 내용이다.

시기	명칭	출처
삼국	豉	≪덕흥리벽화무덤≫ 묵서명 "造欌萬功日煞牛羊酒 米粲不可盡掃旦食鹽豉食一椋記"
	豉	『册府元龜』卷126,「帝王部」納降 태종 정관19년(645) 6월 정유, "蕪荑豉等"
	豉	『三國史記』卷7,「新羅本紀」第7 문무왕 11년(671), "因卽熊津道斷, 絶於鹽豉"
남북국시대 (신라, 발해)	豉	『新唐書』卷219,「北狄列傳」第144 渤海傳," 俗所貴者,…柵城之豉"
	醬, 豉	『三國史記』卷8,「新羅本紀」第8 신문왕 3년(683), "納采幣帛十五轝米酒油蜜醬豉脯醢"
	醬	『三國遺事』卷5,「感通」第7 김현감호,"興輪寺 醬"

[표 3] 삼국시대부터 남북국시대까지의 시와 장 관련된 기록[389]

---

387 依田千百子, 『朝鮮の祭儀と食文化』, 勉誠出版, 2007, 159~161쪽.

388 狛은 貊과 같은 자로서 일본에서는 コマ를 의미한다(위의 책, 162쪽).

389 김지원, 「장의 종류와 제조법에 대한 몇가지 고찰」, 『조선고고연구』120, 사회과

대체로 시와 곡장은 '무이시(蕪荑豉)'[390]와 같은 장을 제외하고는 대두가 주재료였을 것으로 생각된다. 특히, 고구려는 중국 문헌에 선장양(善藏釀)한다고[391] 기록된 바 있고, 고려두의 산지였기 때문에 대두를 발효시키는 장양을 잘 했다고 볼 수 있다. 이러한 시와 곡장 중에서 주목되는 것은 시(豉)다. 그런데 우리 측의 기록에서 [표 3]을 제외하고 시에 대해 추론할 수 있는 내용은 찾기 어렵다. 다만 『제민요술』의 '작시법(作豉法)'을 통해서 구들을 사용하는 우리 민족이 아니라면 만들기가 까다롭다는 내용을 알 수 있을 뿐이다.[392] 고대 국가 관련 기록에서 시에 관한 자료가 장보다 먼저 나온 것으로 보아 장보다 시가 더 이른 시기에 활용되었으리라 짐작된다.

한편, 콩을 주원료로 만드는 시는 콩의 활용이 일찍부터 오로지 우리 민족에게 특화되고 정형화되었음을 짐작할 수 있는 자료로 쓰일 수 있다. 시가 전한대(前漢代) 기록에서 갑자기 등장하기 때문이다. 조선시대 이규경(1788~1863)[393]은 백과사전류 저서인『오주

학 고고학연구소, 2001, 45쪽.

390 무이시(蕪荑豉)는 『册府元龜』[卷126, 「帝王部」納降, "성중 부로와 승려가 이락 및 곤포, 떡, 무이시 등을 바쳤다. 황제는 그것을 받아 비단으로 사례했다(城中 父老 · 僧尼貢夷酪 · 昆布 · 米餠 · 蕪荑豉等, 帝悉爲少受, 而賜之以帛)."]에서 확인된다.

391 『三國志』卷30, 「魏書 東夷傳」第30 高句麗傳, "其人絜淸自喜, 善藏釀."

392 『齊民要術』卷8, 「作豉法」第72, "豉法難好易壞, 必須細意人, … 是以又須留意, 冷暖宜適, 難於調酒."

393 정조 때의 실학자인 李德懋의 손자이자, 역시 규장각 검서관이었던 李光葵의 아들이다. 실학자로서 유명한 집안의 전통은 이 책의 저술에 큰 영향을 주었다고 볼 수 있다. 이규경은 특히 名物度數를 중시하였는데 명물도수의 학문에

『연문장전산고五洲衍文長箋散稿』에서 다음과 같이 기록하였다.

옛날에는 시란 글자가 없었다. 약간 드러난 바는 사유(史游)가 지은
≪急就章≫과 ≪史記 貨殖傳≫에서 볼 수 있다. 즉, 모든 시는 한나라
이래로 살펴볼 수 있었다.

그가 언급한 『사기史記』[394]에 의하면, 사마 천이 생존할 당시에 이
미 큰 도회의 장에서는 한해에 천 동이 분량(千苔)의 시가 판매되었
다고 한다. 최소한 한대(漢代) 초기나 그 이전시기에 시가 중국에
도입되지 않으면 『사기』의 글에서처럼 유행할 수 없다. 음식문화
는 매우 보수적인 문화로, 새로운 음식이 도입되어 사람들이 그것
을 선호하게 되려면 일정 정도의 시간이 필요하기 때문이다.

또한 『급취장急就章』에는 "무이염시혜초장(蕪荑鹽豉醯酢醬)"[395]이

서 가장 기초가 되는 것이 사물의 정확한 이름을 규명하는 것이었다(김채식,
「이규경의 ≪오주연문장전산고≫연구」, 성균관대학교 박사학위논문, 2009,
20~26 · 39~42쪽).

394 『史記』卷129, 「貨殖列傳」第69, "교통이 발달한 큰 도회에서는…천 답의 누
룩 · 소금 · 메주, 천 근의 복어 · 갈치, 천 석의 잡어, 천 균의 절인 어물, 삼천
석의 대추 · 밤, 천 피의 여우와 담비 가죽, 천 석의 새끼양과 양가죽, 천 구의
털자리, 그 외의 천 종의 과일과 채소 천 관의 이자를 놓는 돈, 중개하는 상인은
탐가는 3/10을 얻을 수 있고 염가는 5/10을 얻을 수 있다(通邑大都, … 糵麴鹽
豉千苔, 鮐鮆千斤, 鯫千石, 鮑千鈞, 棗栗千石者三之, 狐貂裘千皮, 羔羊裘千石,
旃席千具, 佗果菜千鍾, 子貸金錢千貫, 節馭會, 貪賈三之, 廉賈五之, 此亦比千乘
之家, 其大率也)."

395 『急就章』卷2, "무이염시, 초와 장은 맛이 시다. 무이는 무고의 열매다. 무고는
일명 고유(樟楡)인데, 산중에서 꼬투리가 둥글게 영글어 떨어지는 것을 취하고
나무껍질을 합하여 담근다. 그리고 그것을 말리면 매운 맛이 난다. 이아에서는

라는 기록이 있다. 이 때 시가 나타난다. 시에 대해서 콩을 어두운 곳에서 발효시킨다고 설명한 것에 반해, 장은 밀가루를 첨가한다고 하였다. 즉, 시는 콩을 발효시키는 것이고, 장은 콩에 밀가루와 같은 다른 종류의 곡물 첨가제를 넣는다는 것이다. 이렇게 보자면, 전한대의 기록에 나타난 시는 여러 재료가 혼합되는 장에 비해 단조로운 재료로 만들어지는, 당시로선 새로운 개념의 장양이었다고 볼 수 있는 것이다. 위진시대 장화가 지은『박물지博物志』에도 시를 확인할 수 있는데, 여기에는 "외국에 시를 만드는 법이 있다."[396]고 기록되었다. 이 기록에 의하면 시는 외국에서 전래된 장양이었다.

이러한 내용을 종합하면, 시는 중국이 아닌 곳에서 들어온 것이며, 적어도 한대(漢代)이전 시기의 문헌에 나타난 바 없다. 그러나 사마천이 생존했을 무렵, '시'가 한 해에 천개 분량(千合)이 매매된

무고의 열매가 이가 옛날 무이라고 말한 것에서 연유한다고 말한다. 소금은 짠 물에서 생긴다. 옛날 숙사씨(夙沙氏)가 처음 바닷물을 끓여 소금을 만든 후 하동에서는 소금이 많이 났으며 장차 언덕의 화정[천연가스 나오는 곳]에 이르렀다. 시는 콩을 어두운 곳에 두어 (발효)되도록 하고, 초(醯·酢)는 역시 하나의 사물에 2개의 이름이 붙여졌다. 장은 콩으로써 밀가루를 합하여 (발효)되도록 한다. 고기로써 담가지는 것을 해라고 하고 뼈가 붙어있으면 니[뼈 섞인 젓]라고 하는데 장차 장이 된다. 식사에 장이 있으면 모름지기 장수가 군대에서 인솔하고 지도하는 것이다(蕪荑鹽豉醯酢醬. 蕪荑, 無姑之實也. 無姑一名樗楡, 生於山中. 其莢圓厚, 剝取樹皮, 合漬而乾之, 成其辛味也. 爾雅曰, 無姑, 其實夷. 故謂之蕪荑也. 鹽, 生於鹹水者也. 古者夙沙氏初煮海爲鹽, 其後出河東大鹵·臨卬火井焉. 今則處處有之矣. 豉者, 幽豆而爲之也. 醯·酢, 亦一物二名也. 醬, 以豆合麪而爲之也. 以肉曰醢, 以骨曰臡. 醬之爲言將也. 食之有醬, 如軍之須將, 取其率傾進導之也)."

396 『北堂書鈔』卷146,「豉三十四」, "博物志曰, 外國有豉法."

다고 전하므로, 서기 전 1세기 무렵이나 그 이전시기에 시가 중국에 전래되었다고 볼 수 있다. 이러한 시기에 시가 '외국'에서 만들어져 중국에 전래되었다면, 가장 유력한 지역은 콩의 원산지인 만주지역일 것이다. 다시 말하면 만주 지역에 거주하는 여러 종족 가운데 농사에 익숙하고 정주생활을 해야 한다는 조건에 맞는 종족이나 나라에서 시를 만들었다고 볼 수 있다. 그리고 이 조건을 전한시대 무렵 및 그 이전부터 충족시킬 수 있는 나라는 고조선이라고 생각되며 이것은 그 이후에도 계승되었을 것이다. 부여는 이미 선주민문화인 서단산문화 때부터 콩을 재배하여 활용했으며, 고조선 이후 그의 옛 땅에[397] 들어선 고구려는 중국에 고려두와 장양으로 잘 알려져 있었다.[398] 고구려를 계승한 발해는 책성에서 만들어진 시를 귀하게 여긴다고 『신당서新唐書』에 기록되었다([표 3] 참조). 백제에는 이와 관련된 문헌사료는 없지만 그 의복과 음식이 고구려와 동일하였기 때문에[399] 같은 양상 보여주었다고 여겨진다. 신라에서도 [표 3]에서와 같이 시와 장이 만들어지고 있음을 알 수 있어 콩류 및 시와 관련된 우리 민족의 고유성을 짐작할 수 있다.

---

397 『後漢書』卷85,「東夷列傳」第75 濊傳, "예 및 옥저·고구려는 본디 모두가 [옛]朝鮮의 지역이다(濊及沃沮·句驪, 本皆朝鮮之地也)."
398 『三國志』卷30,「魏書 東夷傳」第30 高句麗傳, "其人絜淸自喜, 善藏釀."
399 『魏書』卷100,「列傳」第88 百濟傳, "其衣服飮食與高句麗同."

Ⅳ. 닫는 글

신석기시대 식량작물로서 야생두류를 활용했던 사람들은 두류에 대한 정보를 체계화시키며 두류의 재배를 꾀했다. 선사시대부터 꾸준히 작물화된 두류의 이용과 쓰임은 이후 시기에 더욱 많았을 것이다.

질 좋은 두류를 생산해내는 것은 국가적으로 사람들의 음식생활에서 풍미와 영양적 질이 높아질 수 있게 하는 일이다. 콩과 팥을 통해 얻을 수 있는 여러 음식들, 떡이나 장류 등은 고대인들의 음식생활을 다양하게 만들 수 있었다. 두류를 통해 얻는 여러 음식으로 고대인들은 맛과 영양, 전통이란 '감각적' 문화 환경을 마련하였고, 이것을 후손들에게 전승하여 현재의 음식문화로 이어지게 할 수 있었다고 생각된다.

또한 재배된 두류는 가축 사육을 증대하는 데에 활용될 수 있었다. 우경(牛耕)이나 사냥 등에 활용되는 가축으로 고대인들은 식량생산을 늘리고 동물성 음식을 즐길 수 있는 기회를 마련할 수 있었다. 이러한 가축 사육에 있어 중요한 문제는 먹이 문제를 해결하는 것인데, 두류 재배를 통해 얻은 부산물을 가축 사료로 활용할 수 있었다.

두류 재배에서 오는 또 다른 이점은 타 작물의 생산성을 높이며, 지력을 보충할 수 있다는 것이다. 농사를 통해 얻는 소출량은 지력과도 관련이 있다. 비옥한 토지에서는 좀 더 많은 생산량을 기대할 수 있기 때문이다. 이를 해결할 수 있는 방법 가운데 하나가 콩과 함께 타 작물을 혼작하는 것이다. 콩과의 혼작을 통해 고대인들은 소출량을 늘리며 이렇게 얻은 콩과 콩의 부산물을 음식생활에 활용하고 가축사육에 사료로 활용하여 보다 삶을 잘 영위해 나갈 수 있었을 것이다.

이처럼 콩과 팥 등의 두류 재배와 이를 통해 얻은 생산물은 선사시대부터 사람들이 생태환경을 이해하고 그것을 적극적으로 체계화한 성과라고 생각된다. 그 결과를 이어받은 고대인들은 두류를 활용하여 정치, 경제, 음식, 농경, 축산 등의 기술적 측면에서 다면적 성과를 얻어낼 수 있었다. 이러한 다면적 성과는 후대에게 고유한 전통으로 계승되어 현재까지 많은 영향을 주고 있으며, 음식을 통해 사람들로 하여금 과거와 현재라는 시공간적 간극을 넘어 맛으로 공감하게 하는 기회를 제공했다고 여겨진다.

한국 고대 전통음식의 형성과 발달

1. 기본사료

(1) 문헌자료

『管子』『舊唐書』『南史』『南齊書』『論衡』『文獻通考』『北史』『北齊書』
『新唐書』『隋書』『史記』『三國史記』『三國遺事』『三國志』『梁書』『魏書』
『日本書紀』『晉書』『周禮』『周書』『帝王韻紀』『漢書』『後漢書』

(2) 고고학자료

강승남, 「우리나라 고대 청동가공기술에 관한 연구」, 『조선고고연구』, 사
　　　회과학원 고고학연구소, 1990.

강승남, 「고조선시기의 청동 및 철 가공기술」, 『조선고고연구』, 사회과학
　　　원 고고학연구소, 1995.

고고학연구소, 「기원전 천년기전반기의 고조선문화」, 『고고민속논문집』
　　　1, 사회과학원출판사, 1969.

고고학언구소, 『고고민속논문집』2, 사회과학출판사, 1970.

고고학연구소, 「서포항 원시유적 발굴보고」, 『고고민속논문집』4, 사회과

학원출판사, 1972.

고고학 및 민속학연구소, 『나진초도 원시유적 발굴보고서』- 유적발굴보고 제1집, 사회과학원출판사, 1956.

고고학 및 민속학연구소, 『궁산리 원시유적 발굴보고』- 유적발굴보고 제2집, 사회과학원출판사, 1957.

고고학 및 민속학연구소, 『강계시공귀리 원시유적 발굴보고』- 유적발굴보고 제6집, 사회과학원출판사, 1959.

고고학 및 민속학연구소, 『회령오동 원시유적 발굴보고』- 유적발굴보고 제7집, 사회과학원출판사, 1960.

고고학 및 민속학연구소, 『지탑리원시유적발굴보고』, 사회과학원출판사, 1961.

고고학 및 민속학연구소, 『고고민속논문집』6, 사회과학원출판사, 1975.

고고학 및 민속학연구소, 『석탄리유적발굴보고』, 과학백과사전출판사, 1980.

고고학 및 사회과학원자력연구소, 『원시사』1, 백산자료원, 1991.

국립광주박물관, 『국립광주박물관』, 통천문화사, 1994.

국립경주박물관, 『국립경주박물관』, 통천문화사, 1995.

국립중앙박물관, 『岩寺洞』, 국립중앙박물관편, 1994.

金基雄, 『韓國의 壁畵古墳』- 韓國史選書, 同和出版公社, 1982.

金東鎬, 「咸陽上栢里古墳群發掘調査報告」, 『東亞大學校博物館1972年度古蹟調査報告』, 1972.

김병모·배기동·김아관, 「안면도고남리패총(3차발굴보고서)」, 『안면도고남리패총(3·4차 발굴조사보고서)』, 한양대학교박물관, 1993.

김신규, 「미송리 동굴의 동물 유골에 대하여」, 『문화유산』, 사회과학원출판사, 1961년 6호.

김신규, 「농포 원시 유적의 동물 유골에 대하여」, 『문화유산』, 사회과학원
　　출판사, 1962년 2호.

김신규, 「회령오동원시유적의 포유 동물상」, 『고고민속』3, 사회과학원출
　　판사, 1963.

김신규, 「무산 범의구석 원시 유적에서 나온 짐승 뼈에 대하여」, 『고고민
　　속』, 사회과학원출판사, 1963년 4호.

김신규, 「립석리 원시 유적에서 나온 짐승 뼈에 대하여」, 『고고민속』, 사
　　회과학원출판사, 1965년 1호.

김신규, 「우리나라 원시유적에서 나온 포유동물상」, 『고고민속논문집』2,
　　사회과학출판사, 1970.

김신규, 「청동기시대의 짐승사냥」, 『고고민속논문집』2, 사회과학출판사,
　　1970.

金榮來, 『南原·月山里古墳發掘調査報告』, 全州, 1983.

김용간, 「금탄리 원시 유적 발굴보고」, 『유적발굴보고』10, 사회과학원출
　　판사, 1964.

김용간·서국태, 「서포 항원시 유적 발굴보고」, 『고고학민속논문집』4, 사
　　회과학출판사, 1972.

金元龍, 『韓國美術全集』I - 原始美術, 同和出版公社, 1973.

金鐘徹, 『高靈池山洞古墳群』, 啓明大學校博物館 學術調査報告 第1輯,
　　1981.

도유호·황기덕, 「지탑리 유적 발굴 중간보고(1)」, 『문화유산』5, 사회과
　　학원출판사, 1957.

리순진, 「신암리 유적 발굴 중간보고」, 『고고민속』, 사회과학원출판사,

1965년 2호.

문화공보부 · 문화재관리국,『慶州皇南洞第98號古墳(南墳)發掘略報告』, 1976.

文化財管理局,『武寧王陵』, 發掘調査報告書, 文化公報部 文化財管理局, 1973.

문화재 관리국,『경주 황남동 제155호 고분 발굴 약보고』, 1973.

문화재관리국,『天馬塚 發掘 調査 報告書』, 1974.

文化財管理局 文化財研究所,『黃南大塚』, 慶州市 黃南洞 第98號古墳 北墳發掘調査報告書, 文化財管理局, 1985.

문화재 연구소,『益山 笠店里 古墳群』, 1989.

박진욱,『조선고고학전서-고대편』, 과학백과사전종합출판사, 1988.

사회과학원 고고학연구소,『조선고고학개요』, 과학백과사전출판사, 1977.

사회과학원 고고학연구소,「나무곽무덤 - 정백동 37호무덤」,『고고학자료집』, 제5집, 과학백과사전출판사, 1978.

서울대학교박물관,『흔암리 주거지』1-4, 1974~1978.

서울대학교박물관,『서울대학교박물관 발굴 유물 도록』, 1977.

안덕임,「안면도 고남리패총(8차 발굴조사) 출토 척추동물 유체에 관한 연구」,『先史와 古代』13, 韓國古代學會, 2002.

안승모,「청원 소로리 토탄층 출토 볍씨」, 한국신석기학회 홈페이지, 발굴소식 64.

안승모,「청원 소로리 토탄층 출토 볍씨 재고」,『한국고고학보』70, 한국고고학회, 2009.

역사편집부,『궁산원시유적발굴보고』, 과학백과사전출판사, 1983.

李浩官 · 趙由典,「楊平郡兩水里支石墓發掘報告」,『八堂 · 昭陽댐水沒地
　　區遺蹟發掘綜合調查報告』, 文化財管理局, 1974.

임효재,「한 · 일문화 교류사의 새로운 발굴자료」,『제주 신석기문화의 원
　　류』, 한국신석기연구회, 1995.

임효재 · 권학수,『鰲山里遺蹟』- 서울大學校博物館 考古人類學叢刊 9冊,
　　서울대박물관, 1984.

임효재 · 이준정,『鰲山里遺蹟 III』, 서울大學校博物館, 1988.

장호수 엮음,「범의구석유적 청동기시대층(2~4기)」,『북한의 선사고고
　　학』- 청동기시대와 문화, 백산문화, 1992.

장호수 엮음,「서포항유적 청동기문화층」,『북한의 선사고고학』3 - 청동
　　기시대와 문화, 백산문화, 1992.

장호수 엮음,「청동기시대 짐승」,『북한의 선사고고학』3 - 청동기시대와
　　문화, 백산문화, 1992.

조선유적유물도감편찬위원회,『조선유적유물도감 - 원시편』1, 조선유적
　　유물도감편찬위원회, 1989.

조선유적유물도감편찬위원회,『조선유적유물도감 - 고조선 · 부여 · 진
　　국편』2, 조선유적유물도감편찬위원회, 1989.

朝鮮畫報社,『高句麗古墳壁畫』, 朝鮮畫報社出版部, 1985.

한국선사문화연구소 · 경기도,『일산 새도시 개발지역 학술조사보고』1,
　　한국선사문화연구소, 1992.

한국문화재보호재단,『문화유적발굴도록』, 한국문화재보호재단, 1993.

황기덕,「무산범의구석유적 발굴보고」,『고고민속논문집』6, 사회과학원
　　출판사, 1975.

嚴文明, 「黃河流域新石器時代早期文化的新發現」, 『考古』, 1979年 第1期.

楊虎, 「內蒙古敖漢旗興隆洼遺址發掘簡報」, 『考古』, 1985年 10期.

中國社會科學院考古研究所實驗室, 「放射性碳素測定年代報告(六)」, 『考古』, 1979年 第1期.

中國社會科學院考古研究所實驗室, 「放射性碳素測定年代報告(一五)」, 『考古』, 1988年 7期.

中國社會科學院考古研究所 編著, 『中國考古學中碳14年代數據集』, 文物出版社, 1983.

關野貞 等, 『樂浪郡時代の遺蹟』- 古蹟調査特別報告 第4冊, 朝鮮總督府, 昭和2(1927).

東京帝國大學文學部, 『樂浪』, 刀江書院, 1930.

梅原末治, 「慶州金鈴塚飾履塚發掘調査報告」, 『大正十三年度古蹟調査報告』第1冊, 朝鮮總督府, 1924.

濱田靑陵, 「金銅冠其他の帽幘」, 『慶州の金冠塚』, 慶州古蹟保存會, 1932.

小場恒吉 · 榧本龜次郎, 『樂浪王光墓』, 朝鮮古蹟研究會, 昭和 10(1935).

朝鮮古蹟研究會, 「慶尙北道 古蹟調査報告」, 『1923年度古蹟調査報告』第1冊, 1923.

2. 논저

(1) 단행본

姜仁求,『百濟古墳研究』, 일지사, 1977.

국립부여박물관,『부여박물관진열품도록』, 삼화출판사, 1981.

국립중앙박물관,『국립중앙박물관』, 통천문화사, 1991.

金元龍,『韓國壁畵古墳』, 일지사, 1983.

도유호,『조선 원시 고고학』, 백산자료원 영인본, 1994.

리상호 역,『삼국유사』, 사회과학원출판사, 1959.

리지린,『고조선 연구』, 학우서방, 1964.

리태영,『조선광업사』, 공업종합출판사, 1991.

마빈 해리스 지음·서진영 옮김,『음식문화의 수수께끼(The Sacred Cow
        and the Abominable Pig:Riddles of Food and Culture)』, 한길사,
        1992.

무함마드 깐수,『新羅 西域交流史』, 단국대학교출판부, 1992.

朴南守,『新羅手工業史』, 신서원, 1996.

박선희,『한국고대복식-그 원형과 정체』, 지식산업사, 2002.

박진욱,『조선고고학전서』- 고대편, 과학백과사전종합출판사, 1997.

사회과학원력사연구소,『조선전사 - 원시편』1, 과학백과사전출판사,
        1979.

사회과학원력사연구소,『조선전사 - 고대편』2, 과학백과사전출판사,
        1979.

사회과학원력사연구소,『고조선사·부여사·구려사·진국사』, 과학백

과사전출판사, 1991.

사회과학원력사연구소, 『고구려사』, 과학백과사전출판사, 1991.

사회과학원력사연구소, 『백제·전기 신라 및 가야사』, 과학백과사전출판사, 1991.

사회과학원력사연구소, 『원시사』, 과학백과사전출판사, 1997.

사회과학원력사연구소 고고학연구소, 『조선전사- 원시편』1, 과학백과사전종합출판사, 1991.

손영종, 『고구려사』2, 과학백과사전출판사, 1997.

손영종, 『고구려사』3, 과학백과사전출판사, 1999.

申瀅植, 『百濟史』, 이화여자대학교 출판부, 1992.

申瀅植, 『新羅史』, 이화여자대학교 출판부, 1985.

유애령, 『식문화의 뿌리를 찾아서』, 교보문고, 1997.

尹乃鉉, 『윤내현교수의 한국고대사』, 삼광출판사, 1989.

尹乃鉉, 『고조선 연구』, 일지사, 1994.

尹乃鉉, 『한국 열국사 연구』, 지식산업사, 1998.

尹乃鉉·朴成壽·李炫熙, 『새로운 한국사』, 삼광출판사, 1989.

윤내현·박선희·하문식, 『고조선의 강역을 밝힌다』, 지식산업사, 2006.

윤서석, 『우리나라 식생활 문화의 역사』, 신광출판사, 1999.

李基東, 『百濟史研究』, 일조각, 1997.

李基白, 『韓國史新論』, 일조각, 1977.

이도학, 『새로 쓰는 백제사』, 푸른역사, 1997.

李丙燾, 『韓國古代史研究』, 박영사, 1981.

이성우, 『東아시아 속의 古代 韓國食生活史 硏究』, 향문사, 1992.

이성우, 『한국 식생활의 역사』, 수학사, 2006.

李賢惠, 『三韓社會形成過程研究』, 일조각, 1984.

李亨求, 『韓國古代文化의 起源』, 까치, 1991.

任孝宰, 『韓國古代文化의 흐름』, 집문당, 1992.

장국종, 『조선농업사』, 백산자료원, 1989.

장국종·홍희유, 『조선농업사』1, 농업출판사, 1989.

張智鉉, 『韓國傳來 油脂類史研究』, 修學社, 1995.

전호태, 『고구려 고분벽화의 세계』, 서울대학교 출판부, 2004.

조선기술발전사편찬위원회, 『조선기술발전사-원시·고대편』, 과학백과
　　　사전종합출판사, 1997.

조희승, 『가야사연구』, 사회과학원출판사, 1994.

최무장·임연철, 『高句麗壁畵古墳』, 신서원, 1990.

최상준, 『조선기술발전사-삼국시기·발해·후기신라편』2, 과학백과사전
　　　종합출판사, 1996.

황기덕, 『조선 원시 및 고대 사회의 기술발전』, 과학백과사전출판사,
　　　1997.

段拭, 『漢畵』, 中國古典藝術出版社, 1958.

佟冬, 『中國東北史』, 吉林文史出版社, 1987.

江上波夫, 『ユーテンの古代北方文化の研究』, 山川出版社, 1951.

鄭大聲, 『朝鮮の食べもの』, 築地書館, 1984.

周達生, 『中國の食生活』, 創元社, 1989.

Sullivan, Michael, *The Arts of China*, Revised Edition, Univ. of

California Press, 1979.

Rudenko, S. I, *Frozen Tombs of Siberia*, trans M. W. Thompson, J. M. dent & Sons Ltd, 1970.

(2) 연구논문

姜椿基, 「우리나라 果實類의 歷史的 考察」, 『韓國食文化學會誌』5, 韓國食文化學會, 1990.

권주현, 「가야인의 생활문화-식문화를 중심으로-」, 『韓國古代史研究』16, 서경문화사, 1999.

권태원, 「百濟의 社會構造와 生活文化系統」, 『백제연구』26, 충남대학교 백제연구소, 1996.

金紀燮, 「百濟人의 식생활 시론」, 『백제연구』37, 충남대학교 백제연구소, 1996.

金紀燮, 「백제인의 식생활 시론-재료와 조리를 중심으로」, 『백제연구』제37, 충남대학교백제연구소, 2003.

김건주, 「우리나라 骨角器의 분석적인 연구」, 『호남고고학보』8, 호남고고학회, 1998.

김도현, 「수렵함정과 사냥법에 대한 검토」, 『湖南考古學報』22, 호남고고학회, 2005.

김민기, 「韓國動物符作과 食文化」, 『韓國食文化學會誌』1, 韓國食文化學會, 1986.

김상보, 「'제민요술'의 菹가 백제의 김치인가에 관한 가설의 접근적 연구(Ⅰ)」, 『韓國食文化學會志』13, 한국식문화학회, 1998.

김상보, 「백제의 식생활」, 『한성백제사 -생활과 문화』, 서울특별시사편찬
　　　위원회, 2008.

金正基, 「新石器時代 住生活」, 『韓國史論』17, 國史編纂委員會, 1987.

김혜숙, 「고구려 벽화 무덤에 그려진 수렵도의 유형에 대하여」, 『조선고
　　　고연구』, 사회과학출판사, 1993년 제4호.

길경택, 「한국선사시대의 농경과 농구의 발달에 관한 연구」, 『古文化』27,
　　　韓國大學博物館協會, 1985.

金天浩, 「日本 法隆寺 聖德太子祭祠 供物을 통한 韓國古代食 推定研究」,
　　　『韓國食文化學會志』6, 한국식생활문화학회, 1991.

림영규, 「원시시대 집짐승 기르기에 대한 몇 가지 고찰」, 『조선고고연구』,
　　　사회과학원 고고학연구소, 1996년 제1호.

손보기, 「구석기문화」, 『한국사』1, 국사편찬위원회, 1977.

윤내현, 「古朝鮮의 經濟的 基盤」, 『白山學報』41, 백산학회, 1993.

윤내현, 「古朝鮮 사람들의 衣·食·住와 風俗」, 『韓國民俗學報』3, 한국민
　　　속학회, 1994.

尹瑞石, 「新羅時代 飮食의 研究-三國遺事를 중심으로」, 『신라문화제학술
　　　발표회논문집』, 동국대학교 신라문화연구소, 1980.

尹瑞石, 「新羅의 飮食」, 『신라문화제학술발표회논문집』, 신라문화선양회,
　　　1987.

尹瑞石, 「新羅의 飮食」, 『新羅社會의 新研究』, 서경문화사, 1987.

尹瑞石, 「한국 식생활의 통사적 고찰」, 『韓國食文化學會誌』8, 韓國食文化
　　　學會, 1993.

李鮮馥, 「신석기·청동기시대 주민교체설에 대한 비판적 검토」, 『韓國古
　　　代史論叢』1, 駕洛國史蹟開發研究員, 1991.

李盛雨, 「古代 東아시아속의 豆醬에 관한 發祥과 交流에 관한 연구」, 『韓國食文化學會志』5, 韓國食文化學會, 1990.

이의한, 「한반도 중·서부지역의 신석기시대 생활상에 관한 지리학적 연구」, 『地理學研究』38-3, 한국지리고고학회, 2004.

이융조, 「중원지역 구석기연구와 과제」, 『한 그릇에 담은 나의 학문과 삶』, 학연문화사, 2006.

이융조·조태섭, 「우리나라 구석기시대 옛사람들의 사냥경제활동」, 『先史와 古代』18, 韓國古代學會, 2003.

이철호, 「동북아시아 원시토기문화시대의 특징과 식품사적 중요성」, 『민족문화연구』32, 고려대민족문화연구소, 1999.

조미숙, 「韓國의 菜蔬 飮食 文化」, 『韓國食生活文化學會誌』18, 韓國食生活文化學會, 2003.

조현종, 「우리나라 稻作농업의 起源과 稻作類型」, 『농업사연구』3-2, 한국농업사학회, 2004.

崔夢龍, 「考古學上으로 본 주거변천」, 『광장』88, 세계평화교수협의회, 1988.

허문회, 「한국에 재배되었던 벼」, 『선사와 고대』7, 韓國古代學會, 1996.

3. 웹페이지 검색

국립문화재연구소 웹페이지(http://portal.nrich.go.kr/)
국립부여박물관 웹페이지(http://buyeo.museum.go.kr/)

맥적_{貊炙}에 관한 연구

1. 문헌자료

『三國史記』『東史綱目 附錄』『海東繹史 續集』

『康熙字典』『群書治要』『廣韻』『南齊書』『唐文拾遺』『方言』『北堂書鈔』

『北史』『尙書』『尙書注疏』『三國志』『隋書』『釋名』『釋名疏證補』

『搜神記』『宋書』『藝文類聚』『儀禮』『齊民要術』『晉書』『册府元龜』

『太平御覽』『通典』『漢書』『翰苑』『後漢書』

2. 편 · 저서

구자옥 외 역,『역주 제민요술』, 농업진흥청, 2006.

김상보,『조선시대의 음식문화』, 가람기획, 2006.

동북아역사재단,『주서 · 수서 외국전 역주』, 동북아역사재단, 2009.

박선희,『한국고대복식』, 지식산업사, 2002.

새러 래스 저 · 이지선 역,『돼지의 발견』, 뿌리와 이파리, 2007.

이성우,『고려 이전 한국식생활사연구』, 향문사, 1978.

이성우,『韓國料理文化史』, 敎文社, 1985.

이성우,『동아시아 속의 고대 한국식생활연구』, 향문사, 1992.

임동석 역,『수신기』, 동문선, 1998.

J.C. 블록 저 · 과학세대 역,『인간과 가축의 역사』, 새날, 1996.

줄리엣 클루톤부록 저 · 김준민 역, 『포유동물의 가축화 역사』, 민음사, 1996.

최남선, 『故事通』, 삼중당, 1943.

王仁湘 저 · 주영하 역, 『중국음식문화사』, 민음사, 2010.

장정해, 「내 마음 속의 전설처럼 - 간보의 〈수신기〉」, 『동양의 고전을 읽는다』2, 휴머니스트, 2006.

황교익, 『한국음식문화 박물지』, 따비, 2011.

3. 연구논문

구희경, 「《석명 · 서》를 통해 본 유희의 언어관 연구」, 『중국언어연구』35, 한국중국언어학회, 2011.

손명원, 「중국 둥베이(東北) 평원의 자연환경」, 『학교교육연구』6, 대구대학교 교육연구소, 2010.

신용하, 「고조선의 기마문화와 농경 · 유목의 복합구성」, 『고조선단군학』26호, 고조선단군학회, 2012.

정효길, 「中原 땅에 쇠고기 음식문화를 전파한 고구려의 貊炙」, 『古書硏究』제22호, 韓國古書硏究會, 2004.

조우연, 「중국학계의 '예맥'연구경향」, 『동아시아고대학』25, 동아시아고대학회, 2011.

최덕경, 「《제민요술》에 보이는 動植物의 배양과 胡漢 農業文化의 融合」, 『중국사연구』62집, 2009.

4. 국외자료

康寶文 · 萬波 · 張詠梅 主編, 『語文求真』, 三聯書店(香港)有限公司, 2008.

段玉裁, 『說文解字注』, 上海古籍出版社, 1981.

王學泰, 『中國飲食文化簡史』, 中華書局, 2010.

張景明, 『中國北方遊牧民族飲食文化研究』, 文物出版社, 2008.

張景明 · 王雁卿, 『中國飲食器具發展史』, 上海古籍出版社, 2011.

魏绪坤, 「朝鮮古代志怪小說≪搜神記≫的借鑒和發展」, 연변대학교석사 학위논문, 2012.

姜維恭, 「貊炙与韓國烤肉」, 『高句丽歷史研究初編』, 吉林大学出版社. 2005.

徐成文, 「汉唐时期胡, 汉民族饮食文化交流」, 『东方食疗与保健』2008-10, 湖南省药膳食疗研究会, 2008.

變凡, 「秽貊系民族的习俗、文化与民族性格」, 『社会科学战线』2006-5, 吉林 省社会科学院, 2006.

敖桂华, 「"炙"漫谈」, 『井冈山师范学院学报』22, 井冈山师范学院, 2001.

王建新 · 刘瑞俊, 「先秦时期的秽人与貊人」, 『民族研究』2001-4, 西北大学 文博学院, 2001.

王丽, 「高句丽壁画之尚肉食考」, 『黑龙江科技信息』2007-7, 黑龙江省科学 技术学会, 2007.

王玲, 「《齐民要术》与北朝胡汉饮食文化的融合」, 『中国农史』24, 中国农业历史学会, 2005.

王仁湘,「羌煮貊炙话"胡食"」,『中国典籍与文化』1995-1, 国典籍与文化杂志编辑部, 1995.

王仁湘,「天子·爱胡食」,『中华文化画报』2008-10, 中国艺术研究院, 2008.

李根蟠,「从《齐民要术》看少数民族对中国科技文化发展的贡献-《齐民要术》研究的一个新视角」,『中国农史』2002-2, 中国社会科学院经济研究所, 2002.

李德山,「貊族的族源及其发展演变」,『社会科学战线』1998-1, 吉林省社会科学院, 1998.

李俊方,「东汉南朝文献中所见高句丽称貊问题探讨」,『贵州民族研究』2008-4, 贵州省民族研究所, 2008.

张凤,「汉代的炙与炙炉」,『四川文物』2011-2, 四川省文物局, 2011.

翟毅宁,「释"翟"」,『魅力中国』17, 魅力中国杂志编辑部, 2010.

邢义田,「貊炙小考」,『画为心声：画象石、画象砖与壁画』, 中华书局, 2011.

海峰,「"胡食"胡话」,『科学大观园』2008-14, 科学普及出版社, 2008.

5. 웹검색 자료

『漢典』http://www.zdic.net

국사편찬위,『중국정사조선전』웹서비스

고구려 육류 음식 문화의 실제와 양상

1. 문헌자료

《광개토대왕비문》,《덕흥리 고분벽화 묘지명》

『三國史記』『三國遺事』『高麗史』

『管子』『孔叢子』『孔子家語』『舊唐書』『群書治要』『急就章』『南史』

『唐會要』『北史』『北堂書鈔』『史記』『三國志』『釋名』『說文解字』

『搜神記』『新唐書』『隋書』『宋書』『說文解字注』『逸周書』『禮記』『儀禮』

『爾雅』『爾雅注疏』『五代會要』『梁書』『魏書』『晉書』『周書』『册府元龜』

『太平廣記』『太平御覽』『太平寰宇記』『通典』『翰苑』『後漢書』

2. 편 · 저서

국립중앙박물관,『고구려벽화무덤』, 국립중앙박물관, 2006.

레이철 로던 지음, 조윤정 옮김,『탐식의 시대』, 다른세상, 2015.

박선희,『한국고대복식』, 지식산업사, 2002.

성락춘,『인간과 식량』, 고려대학교 출판부, 2007.

篠田統 저 · 윤서석 역,『중국음식문화사』, 민음사, 1995.

이성우,『고대한국식생활사연구』, 향문사, 1992.

장 드니 비뉴 저 · 김성희 역,『목축의 시작』, 알마, 2014.

전덕재,『한국고대사회경제사』, 태학사, 2006.

전호태,『고구려 고분벽화연구』, 사계절, 2000.

3. 연구논문

김동실,「한국고대 전통음식의 형성과 발달」, 상명대 석사학위논문, 2008.

박유미,「고구려 음식문화사 연구」, 인하대 박사학위논문, 2014.

김광철,「송죽리벽화무덤의 수렵도」,『조선고고연구』158, 사회과학원 고고학연구소, 2011.

김신규,「무산 범의구석 원시 유적에서 나온 짐승뼈에 대하여」,『고고민속』4, 과학원출판사, 1963.

리병선,「압록강 및 송화강 중상류 청동기시대 문화와 그 주민」,『고고민속』3, 과학원출판사, 1966.

사공정길,「고구려의 취사용기와 취사방식」,『고구려발해연구』49, 고구려발해학회, 2014-7.

박경신,「高句麗의 炊煖施設 및 煮沸容器에 대한 一研究」,『崇實史學』19, 崇實大學校史學會, 2006.

박유미,「맥적의 요리법과 연원」,『선사와 고대』38, 한국고대학회, 2013.

이태호,「고구려벽화고분22: 인물풍속도-팔청리벽화고분」,『북한』, 북한연구소, 1981.

전재근,「식품의 건조기술」,『식품과학과산업』12-2, 한국식품과학회, 1979.

4. 국외자료

吉林省文物考古研究所·集安市博物馆·吉林省博物院 編著,『集安出土高句丽文物集粹』, 科学出版社, 2010.

唐汉,『唐汉解字』, 书海出版社, 2003.

张景明·王雁卿,『中國饮食器具发展史』, 上海古籍出版社, 2011.

D. M. Suratissa·汤卓炜·高秀华,「吉林通化王八脖子聚落遗址区古生态概观」,『边疆考古研究』5, 吉林大学边疆考古研究, 2006.

黎家芳,「新乐文化的科学价值和历史地位」,『中國考古集成-東北卷5』新石器時代(二), 北京出版社, 1997.

傅仁义,「大连郭家村遗址的动物遗骨」,『中國考古集成-東北卷5』新石器時代(二), 北京出版社, 1997.

陈全家,「农安左家山遗址动物骨骼鉴定及痕迹研究」,『中國考古集成－東北卷5』新石器時代(二), 北京出版社, 1997.

蔡大伟·孙洋,「中國家养动物起源的古DNA研究进展」,『边疆考古研究』12, 吉林大学边疆考古研究中心, 2013.

汤卓炜·金旭东·杨立新,「吉林通化万发拨子遗址地学环境考古研究」,『边疆考古研究』2, 吉林大学边疆考古研究, 2003.

牛金娥,「高句丽民族对东北开发的贡献」,『北方文物』2004-02, 北方文物杂志社, 2004.

许明纲,「从出土文物看大连地区汉代以前养猪业」,『中國考古集成－東北卷10』秦汉至三國(二), 北京出版社, 1997.

Hucai Zhang, Johanna L. A. Paijmans, Fengqin Chang, Xiaohong

Wu, Guangjie Chen, Chuzhao Lei, Xiujuan Yang, Zhenyi Wei, Daniel G. Bradley, Ludovic Orlando, Terry O'Connor&Michael Hofreiter, 「Morphological and genetic evidence for early Holocene cattle management in northeastern China」, 『Nature Communications』Online, 2013[8 Nov].

5. 웹검색 자료

구글 맵(https://www.google.co.kr/maps)
국립국어원 표준 국어대사전 웹서비스
(http://stdweb2.korean.go.kr/main.jsp)
국립문화재연구소 북한문화재자료관 웹서비스
(http://portal.nrich.go.kr/kor/page.do?menuIdx=667)

한국 고대의 두류 재배와 활용

1. 문헌사료

≪덕흥리벽화무덤≫ 묵서명

『管子』『急就章』『舊唐書』『北堂書鈔』『史記』『三國史記』『三國遺事』

『新唐書』『魏書』『齊民要術』『册府元龜』『後漢書』

2. 편 · 저서

가사협 지음 · 구자옥 외 옮김, 『역주 제민요술』, 농촌진흥청, 2006.

국립문화재연구소, 『동아시아 고고식물 선사시대 한국편』, 국립문화재연구소, 2015.

국립문화재연구소, 『한국신석기시대 고고식물압흔분석보고서』, 국립문화재연구소, 2015.

삼성출판사 편집부 저, 『약이 되는 음식』, 삼성출판사, 2005.

성락춘, 『인간과 식량』, 고려대학교 출판부, 2007.

범승지 지음 · 구자옥 · 김장규 · 홍기용 옮김, 『氾勝之書』, 농촌진흥청, 2007.

존 앨런 저 · 윤태경 역, 『미각의 지배』, 미디어윌, 2013.

한국식품과학회, 『식품과학기술대사전』, 광일문화사, 2008.

3. 연구논문

김채식, 「이규경의 ≪오주연문장전산고≫ 연구」, 성균관대학교 박사학위
　　　논문, 2009.

강성복 · 박종익, 「전북 장수 · 진안지역 팥죽제의 전승양상과 의미」, 『남
　　　도민속연구』32, 남도민속학회, 2015.

김민구 · 류아라 · 김경택, 「탄화작물을 통한 부여 송국리 유적의 선사농
　　　경 연구: 제14차 발굴자료를 중심으로」, 『호남고고학보』44, 호남
　　　고고학회, 2013.

김인술, 「전통밥상의 정체성과 장류의 의미」, 『식품저널』185, 식품저널,
　　　2012.

안승모, 「콩과 팥의 고고학」, 『인제대식품과학 FORUM』, 인제대학교 식
　　　품과학연구소, 2008.

오강원, 「서단산문화의 농경과 생업경제」, 『한국상고사학보』57, 한국상
　　　고사학회, 2007.

이경아, 「한반도 신석기시대 식물자원 운용과 두류 작물화 검토」, 『중앙
　　　고고연구』15, 중앙문화재연구원, 2014.

이영호 · 박태식, 「출토유물과 유전적 다양성으로 본 한반도의 두류재배
　　　기원」, 『농업사연구』5-1, 한국농업사학회, 2006.

정재윤, 「우즈베키스탄 고려인의 음식문화 연구」, 『재외한인연구』35, 재
　　　외한인학회, 2015.

최덕경, 「≪제민요술≫의 고려두 보급과 한반도의 농작법에 대한 일고
　　　찰」, 『동양사학연구』78, 동양사학회, 2002.

_____,「고대한국의 旱田 경작법과 농작제에 대한 일고찰」,『한국상고 사학보』37, 한국상고사학회, 2002.

_____,「≪齊民要術≫에 보이는 動植物의 배양과 胡漢 農業文化의 融 合」,『중국사연구』62집, 중국사학회, 2009.

김지원,「장의 종류와 제조법에 대한 몇가지 고찰」,『조선고고연구』120, 사회과학 고고학연구소, 2001.

4. 국외자료

郭文韜,「略论中国栽培大豆的起源」,『南京农业大学学报』4-1, 南京农业大 学学报 编辑部, 2004.

刘世民 · 舒世珍 · 李福山,「吉林永吉出土大豆炭化种子的初步鉴定」,『中 國考古集成 - 東北卷8』青銅時代(三), 北京出版社, 1997.

孙永刚,「栽培大豆起源与植物考古学研究」,『农业考古』2013-6, 江西省社 会科学院, 2013.

孙永刚,「栽培大豆起源的考古学探索」,『中国农史』2013-5, 中国农业历史 学会, 2013.

依田千百子,『朝鮮の祭儀と食文化』, 勉誠出版, 2007.

5. 웹검색 자료

농촌진흥청 농업용어사전 웹서비스(http://www.nongsaro.go.kr/)

CNC북한학술정보 웹서비스
(http://geography.yescnc.com/mountain/main.aspx)
한반도의 생물다양성(https://species.nibr.go.kr/index.do)

The Creation and Development of Traditional Foods in Ancient Korea

Kim, Dong-sil

People living in the paleolithic age had difficulty with storing and processing food. Entering the neolithic age, however, people started to settle down and make earthenware, thus getting rid of the difficulty. The invention of earthenware allowed them to cook natural materials with heat and store food with lots of water as well as products.

Most of neolithic earthenware excavated in Korea has comb patterns. In the later neolithic age, they seem to have produced lots of bowl-shaped and small earthenware, which are estimated to have been used to contain food for individual family members. In the neolithic age, people were actively engaged in agriculture, stock farming, fishing and hunting. As for the food materials and cooking methods adopted by them, fish and shellfish were eaten raw, dried, roasted, or boiled for cooking or storage. They must have learned to add salt in the process.

They also developed stock farming and regarded hunting as an important activity. The animal bones excavated from the neolithic relics are from mountain, sea and tamed animals including a dog, pig, cow, horse, and sheep. They were roasted, boiled, salted or dried for cooking purposes. The archeological excavations reveal that people in the neolithic age grew a wide range of crops including a barnyard millet, millet, rice, African millet, bean, and barley, which were important food sources. According to recent studies, rice growing was active early on in the Korean Peninsula and Manchuria. In Gochosun, they made agricultural equipments with advanced metal and used animals to pull a cart, making progress in agriculture and increasing the yield.

The Gochosun people cooked grains as they were or processed them into powder before steaming, which is well supported by earthenware or bronze steamers excavated from the Gochosun relics. They also developed a variety of recipes with affluent materials and started to use seasonings and spices such as salt, garlic and wormwood to make the food salty enough or increase the taste. Furthermore, they made vinegar in the process of making liquor and used it as a seasoning, as well.

Inheriting the traditions of Gochosun, Goguryeo enjoyed a highly developed culture of hunting, agriculture, stock farming, fishing, and salt industry. Incorporated into Goguryeo, Dongokjeo was blessed with rich soil and located in a heavenly position with mountains in the back and the sea in the front. Those conditions created an ideal soil for growing the five grains. Given that Goguryeo asked for a marten, muslin, fish and salt for taxes from Dongokjeo, it's clear that Dongokjeo was highly advanced in agriculture, stock farming and fishing and produced big yields. Its five grains and marine products must have been used in Goguryeo's diverse foods along with salt. Goguryeo developed Gochosun's brewing technology even further. Brewing means a possibility for vinegar, which must have been used as a seasoning, and another possibility for fermented foods. The fermentation technology must have given birth to jang, as well. One can see the Goguryeo kitchens in the murals of Anak Tomb No. 3 and Yaksuri Tomb. Judging from the excavated relics, the fireplaces and goraes were perpendicular, which was from Gochosun. The Goguryeo people must have used a steamer with two handles in a well-structured kitchen.

Baekje, just like Goguryeo, had well developed agriculture and stock farming. Living up to its reputation as a marine kingdom, it developed the fishing industry to an advanced level and enjoyed a variety of food materials. Based on the documents and archeological excavations, its food materials are categorized into grains, vegetables, fruits, meat, and fish and shellfish, each of which had diverse dishes. The Baekje people must have used also diverse seasonings including liquor, oil, honey, wheat gluten, nuts, fruit, vinegar, soy sauce, bean paste, and salted fish to make foods.

Given that Shilla invested the most efforts into rice growing, rice must have been its staple and used to make various foods. According to *Samguksagi* and *Samgukyusa*, Shilla foods were highly diversified in terms of cooking methods and kinds. It's also estimated that Korea's traditional foods must have boasted their diversity as early as the Three Kingdoms Period. And the Gakbaecheung and Hohyeong earthenware excavated from the Shilla region indicates that Shilla was also well advanced in liquor like Goguryeo and Baekje.

The food culture during the Three Kingdoms Period inherited the heritage of Gochosun and started what's regarded important in Korea's current custom and food today, which implies that the food culture of the Korean people has been passed down for such a long period of time.

색인